自治体経営を強くする

「鳥の目」と「蟻の足」

前北九州市長
末吉 興一

財界研究所

巻頭言

タレント出身の東国原英夫・宮崎県知事と、弁護士から転身した橋下徹・大阪府知事に何故こんなに世間の注目が集まるのか。それは宮崎県でも大阪府でもそれまでの政治・行政に国民が失望し『大変革』を求めたからに他ならないと思う。過去の知事や議員の皆さんはどんな行政をしていたのか。広く日本の地方自治の世界に本当に『プロ』の政治家・リーダーはいなかったのか。地方自治を本当に分かっている『仕事師』はいないのだろうか。こんなことを考えていたら、ふと一人の男の顔が浮かんだ。政令指定都市の市長を五期二十年務め、約一年前に引退した末吉興一・前北九州市長だ。

構造不況下、〝鉄冷え〟でどん底にあえいでいた北九州市を、強力なリーダーシップで見事に再生させた。そして何よりわたしの持論である『都市経営』の視点を行政全般に導入し、先取りした男だ。民間企業で言えば固定経費に当たる人件費などの義務的経費を就任時に政令指定都市の中でワースト1だったものを、「卒業」時はベスト1に改善させた。新北九州空港をはじめ、あれほど大型公共事業を次々に展開したにもかかわらず、公債の償還に関して地方行政で最も重視される財政指標の実質公債費比率を全国十七の政令指定都市の中でトップに押し上げた。有効求人倍率も〇・二三だったのが、最近は瞬間風速で一・〇を超えたと聞いた。目を見張る改善だ。

彼について、わたしはかつて「全国の首長で五指に入る」と太鼓判を押したこともあった。地方分権が声高に叫ばれ、また全国ほとんどの自治体が厳しい財政状況に悩まされている時代にあって、彼の行政に対する考え方、あるいは時代の先を行く具体的な取り組みを振り返り、その源泉を探ることは、現場で働く行政マンのみならず、多くの国民にとってきっと参考になるはずだ。

この本は、そんな思いから執筆を奨めた結果生まれた。

わたしが最初に「末吉興一」に刮目したのは、今から約三十年前にさかのぼる。わたしの地元で古くなった鉄橋の架け替えが必要になったが、どうにも資金がない。そこで、建設省（現国土交通省）に福岡県出身で、ユニークで面白い男がいると聞いて、秘書に相談に行かせた。その報告を聞いて驚いた。「掛け替えは国鉄（現ＪＲ）に金がない。当分は無理。しかし、川幅を拡げる河川計画の変更に伴う鉄橋の架け替えにすれば、河川事業として（公《おおやけ》の負担で）事業が進む」。まさに目からウロコだった。

〝蜂の巣城の攻防〟といわれた松原・下筌《しもうけ》ダム建設では、建設省の現場責任者として、あの一徹な〝室原知幸翁〟と対峙し、関係町村との水没補償の先頭に立った。その時の苦労が技を磨いた。ついでに言えば、現地で知り合い、結婚したのがミヨ子夫人。「土地だけでなく、女房も調達した」と、彼は今も冷やかされているが、ミヨ子夫人がそのあと思いもよらぬ〝政治家の妻〟を懸命に生き、彼を支え続けていることを考えれば、幸運な男でもある。

彼の特長は、とにかく、よく働く。また事に当たってはとことん勉強した上で、長期的視野で取り組む。北九州市の再生では〝ルネッサンス構想〟を掲げて長期計画を策定。国や地方の制度を熟知し、いつも時代を先取りして動いた。外に向けてはいち早く「環境」や「アジア」に着目し、アイデアを駆使してエコタウンや学術研究都市づくりに奔走。世界に通用する最深岸壁を持つ響灘のコンテナターミナルや新北九州空港、高速道路網の建設など新たな基盤整備に取り組んだ。内に向けては「経営」の視点で行財政改革に果敢に取り組んだ。

驚くのは、次期市長選に出馬しないと宣言した後も、地方交付税のカットを見越して、向こう四年間の「経営基本計画」を作成し、市議会にも諮って決定、公表したことだ。行政の健全な執行にかける意欲の表れであろう。

根アカな性格である。常に前向き。そして構想はでかいが、実行は地味で着実。意外（？）と女性にも人気があり、それもあってか、いち早く男女共同参画社会を提唱して、女性センター「ムーブ」を開館。市内の女性団体は今や世界有数の「女性フォーラム」に成長している。

無欲でもある。市長退任後は「わたしの役目は終わった」とばかりさっさと身を引き、わたしが依頼した外務省参与以外の公職についていない。

〝高級官僚〟として「国」、さらに郷土愛で走り続けて「地方」。その行政と経営の仕組みを知り抜いた男は、まさに〝宮大工〟の技を持った都市経営のエキスパートだ。その男が今、何を考えているのか。

わたしはこれまで地方自治に関して判断に迷った時など度々意見をうかがってき

た。彼のような首長が各県に一人か二人もいれば、日本は必ず立派に生まれ変わると確信している。彼が著す本書は地方自治の生きた教科書である。一読に値すると信じている。

前自民党幹事長　麻生太郎

目次

第三章　街興し――カギは「創意」と「熱意」

第六章　次世代のための提言

プロローグ

「地方自治体には『経営』の視点が足りなかったのではないか」——これが、北九州市長五期二十年を振り返った時の率直な実感だ。もちろん、わたし自身は市民のため、さらには国、「公《おおやけ》」のためと懸命に走った二十年だったし、「私心は無いか」「公正・公平であったか」と常に戒め、市政にあたってきたつもりだ。だが、政治家には結果責任がある。

その意味で、この本を出版するにあたり、特に心がけたのは、単なる市政二十年の「回顧」にしないということだ。

近年、地方分権が叫ばれながら、その論議がなかなか前に進んでいかない現状を見るにつけ、地方自治体の側にも反省、努力が必要なのではないか、という気持ちが改めて強くなってきた。

地方が自らの権限と責任、財源で行うのが「地方自治」だと思うが、残念ながら現状はそれには程遠い。一時は街づくりのお手本として脚光を浴びた都市があっけなく破綻する姿などを見ると、地方自身に「中央政府がいつか助けてくれる」という甘えがあったのではないかと思わざるを得ない。

そして地方公共団体には「経営」という考えが薄かったのではないか。バランスシートや連結決算の考えが芽生えたのは最近のこと。それまでは自治体も住民も、他の自治体が保有している施設を全てフルセットで持ちたいと思い、相互補完、広域連携や合併などの枠組みづくりの視点が薄かった。

地方の財政破綻の原因は、この「フルセット主義」に代表される横並び意識の弊害と、政策も財源も最後は国が見てくれるという甘えの構造の二つである。自分たちの自治体を潰すわけがない、という思い込みはなかったか。わたしは自戒をこめて「地方自治に反省すべき点はなかったのか」という問いかけをしたい。

また、読者の皆さんは、「なぜ今、北九州なのか?」と疑問に思われるかもしれないが、現在論議が進んでいる地方分権や、「道州制」を具体的な形にしていくにあたって、皆さんの参考になるのではないかと思うのが、まさに北九州市の事例なのである。

二〇〇八年現在、日本経済団体連合会や経済同友会などが道州制の議論を進めており、その熱意は伝わってきているが、一般国民の間ではなかなか盛り上がってきていない。

その中でも、九州は先行して「九州は一つ」のスローガンの下、道州制に向かって進んでいるといわれるが、なぜ国全体で議論が盛り上がらないのかを考えてみると、それは道州制によって生活がどう変わるか、といった実感が国民に描けていないからではないかと思う。そこに国民の不安もある。

道州制の理念や必要性については、大きな対立点は見られないが、その実現のためには、多くの市民の盛り上がり、エネルギーが必要である。

正直に言えば、まさか自分が北九州市の市長になるとは夢にも思っていなかった。しかし、運命には逆らえない。引き受けた以上は、他市より立派な市にしたいと思ったし、「北九州市を浮上させたい」「末吉が北九州を駄目にしたと言われたくない」という意地もあった。

目的を達成するには何より市民の協力が不可欠である。そのために、「北九州ルネッサンス」という大きなビジョンを掲げ、市民に将来の市の明確な姿を提示し、その具体的な姿として、北九州学術研究都市、エコタウン、響灘大水深港湾の整備、新北九州空港の建設、さらには「北九州方式」と呼ばれた三層構造の福祉政策など、将来の北九州に必要なものをつくるために知恵を絞り、実行に移してきた。

しかし、新しい政策を実行に移すには市長だけでなく、組織、職員も変わらなければ対応できない。もともと公務員の習性として、法律や予算の「枠内」では力を尽くすが、枠の外に出るのは苦手で、枠の外では動きが鈍い。ひどい場合は拒否反応すら示す。これが物事を動かさなければならない時にはブレーキとなる。そこでわたしはまず、就任当時一万二千人の職員の意識を変えることに注力した。

それまでは、まずは中央政府の言うことをやっていればよかった。それをどのように自分の頭で考える組織にするか。これが大きなテーマだった。

縦割りの中央行政を縦糸、地方の独自行政を横糸にして、市の計画に沿って布を織るのが『首長の能力と責任』というのがわたしの持論で基本的スタンスである。それに従ってわたしが採った手法は、一つ目は、北九州再生プランの作成を市民・職員と共有しつつ地域独自のオリジナルを作り上げることであった。

二つ目は、その実行には制度改正を待つということではなく、現行の制度の枠の中でも出来ることは可能な限り実施するという「漸進主義」だった。

例を挙げれば、福祉の北九州方式や、環境産業（エコタウン事業）、独自の行財政改革、学術研究都市構想などがそれである。

こうした一つ一つの積み重ねで、市の財務体質は徐々に健全化し、雇用も増大した。新北九州空港や学術研究都市、響灘大水深港湾など、完成に長期間を要するインフラが整備され、将来への基盤も整った。さらに〝環境首都〟を目指す北九州市の象徴、「北九州エコタウン」が世界的な注目を浴びることにもなった。在任中に自ら掲げた目標は九九％着手し、九割を実現することができた。

その取り組みの中には、今、地方自治に取り組んでいる人、これから取り組もうという意欲のある人、または企業経営に携わっている人や、一般のビジネスマンの方々に至るまで、ご自身の参考になる点、または〝反面教師〟とも映る点まで含め、なにがしかの参考になるものが含まれているのではと思っている。

これまで取り組んできたことの結果と反省の上に立ち、これからの地方自治はどうあるべきか。政治状況が流動化する中で、道州制など地方分権をいかに進めていくのか。わたしの考えを素直に語っていきたい。議論の叩き台になれば幸いである。

著者近影

第一章

「どん底」からのスタート

処方箋は〝北九州ルネッサンス構想〟

「どん底からの都市再生」——まさにこの言葉が当てはまる状況だった。わたしが北九州市の市長に就任したのは、一九八七年（昭和六十二年）二月。それから二〇〇七年（平成十九年）に退任するまでの二十年の世界の動きを見ると、米・ソの冷戦体制が崩壊、中東情勢の悪化、中国の急成長などがあり、アジア諸国に近い北九州で、その情勢を最も敏感に感じてきた。同時に日本国内の状況を見ると、バブル経済期と、その崩壊後の「失われた十年」という厳しい時代だった。

重工業で栄えてきた北九州市も、当時は「鉄冷え」の時代で、データから見るとあらゆるものが最低水準だった。具体的に挙げると、有効求人倍率は全国平均〇・六二に対し〇・二三で、三分の一。加えて、新日本製鐵が高炉一基体制に移行するという合理化を発表、JR九州本社が福岡市に移転するというマイナス材料が連続した。鉄で栄えた北九州市は、まさに構造不況の真っ只中にあった。

わたしが一番堪《こた》えたのは、市民への新聞アンケートの結果だった。七四％の人が

「北九州の前途は暗い」と回答したからだ。四人のうち三人に「前途が暗い街」と言われて、どう思うだろうか? 人間に例えれば、「満身創痍」もしくは「合併症を併発」といった状況と言っていい。

ただ、「どん底」だったからこそ、これ以上は悪くならない、思い切ってやろう、と前向きな気持ちになることができたことも確かだ。そこからどうやって「都市再生」のシナリオを描くかが、わたしが市長に就任した時の一番大きな課題だった。

その時、キーワードとなったのは「北九州ルネッサンス」。このスローガンの下に、ビジョンを掲げ、実行計画をつくり、常に世界の状況、特に東アジアを意識した市政を展開してきたつもりだ。

最初は「ルネッサンスでメシが食えるか」などと非難を浴びることもあった。「ルネッサンス」といえば、十四~十六世紀にかけて、イタリア・フィレンツェでメディチ家が文学を愛し、芸術家を育てるなどした「文芸復興」を意味するものと捉えている人間がほとんどだったからだ。

しかし、若い世代にとっての「ルネッサンス」は、新しいものに変えていこうという意味で捉えられることが多い。直訳の「再生」に近い捉え方をしているといってもいい。その意味で、世代間でこれだけ解釈の違う言葉は珍しいと思う。

結果的に、意図するところの「再生・浮揚」、あるいは「Revitalization」（活性化）の意味づけをすることができた。

余談ではあるが、後に日産自動車でカルロス・ゴーン氏（社長兼CEO）が進めた経営改革も「ルネッサンス」と呼ばれたりするなど、企業再生にも使われるような言葉となった。

先ほどわたしは、北九州市を人の健康状態に例えて「満身創痍」と表現したが、その解決（治療）のためには、長期的視点（体質改善）と、短期的視点（対症療法）の併用が必要だと考えた。一部分だけ少し治せばいいという状態ではなく、根本から治さなければいけない。

そのためにも、都市再生のための「処方箋」を書くことがまず必要だった。市長に就任し、「北九州ルネッサンス」を、スローガンから具体的なシナリオに落とし込む作業を始めたが、とにかく「北九州市の前途は暗い」と回答した市民の皆さんに、明るい未来を示すことで、明るさと自信を持ってもらうことを第一に考えた。

まず、一九八八年（昭和六十三年）、「北九州ルネッサンス」の基本構想を策定した。最終年度は二〇〇五年（平成十七年）という約二十年間の長期構想だ。

基調テーマは、「水辺と緑とふれあいの〝国際テクノロジー都市〟へ」。前半の「水辺と緑とふれあい」は、もしかしたら他の都市でもあり得るフレーズかもしれないが、「国際テクノロジー都市」というフレーズは北九州市ならではだ。都市再生の最初から、世界を視野に、自らの強みを生かしていくことを謳った。

さらに、掲げたのが、①「緑とウォーターフロントを生かした快適居住都市」②「健康で生きがいを感じる福祉・文化都市」③「あすの産業をはぐくむ国際技術情報都市」④「海にひろがるにぎわいの交流都市」⑤「未来をひらくアジアの学術・研究都市」という「五つの都市像」だ。

今は、社会状況は変わったが、そのシナリオの基本的な考えは現在でも通用するのではないか。

また、これらの都市像は「ビジョン」だ。企業経営者の方々が、企業の進むべき方向性を示す「ビジョン」を打ち出して、そこからその実現のための具体的方策を積み重ねていく作業に通じる。自治体の運営も一つの「経営」と思うからだ。

具体的シナリオを書くにあたっては、「都市構造の転換」を念頭におかなければならなかった。北九州市の五市合併を理論的に支えた当時東京都立大学の磯村英一氏による「多核都市論」は、理論的には非常に優れたものであったが、これは「都市全体が右肩上がりで成長する」という前提で成立する理論であった。重厚長大産業が成熟化しているにもかかわらず、北九州市という都市全体が沈滞する局面にあっては、公共事業を始めとする投資効率の良い都市構造に転換させていく必要があった。

そこで、「多核都市」から「(均衡に配慮した)集中型都市」に都市構造を転換することを目指した。都心を小倉駅周辺部に、副都心を黒崎駅周辺部と定め、行政機能や商業機能などを集中投資した。一方で、「均衡」に配慮して、主要な鉄道駅周辺などを「地域中心核」とし、ターミナル機能の向上を図った。都心地域では、小倉駅周辺の都市再開発事業と、紫川周辺の「マイタウン・マイリバー事業」を基盤整備の両輪とした。

また、産業構造、都市構造の転換と並行して、保健福祉や都市環境、安全・安心の確保の政策も推進した。特に、当時政令指定都市で高齢化率が最も高かったことから、高齢化社会への備えは待ったなしの状況。これについては、行政だけの対応では限界があり、持続できないと判断。行政によるハード・ソフト両面からの対策に加え、高齢者が暮らす「地域」が参加する高齢化対策を実施した。そして、大都市にしては珍しく築きあげてきている地域のつながりを、日常の市民生活に活用してもらう仕組みづくりに取り組んできた。

行政の効率化は、五市合併当初は赤字であった実質収支も職員数の削減、不採算部門の業務委託化などを進め、順次その健全化を図った。

一九八九年（平成元年）にスタートさせた第一次実施五カ年計画では、「住み良いまちづくり」「地域産業、経済の活性化」「交通体系の整備」などを重点課題とした。その中では、三百九十七件の事業を立案し、九九％に着手した。出てきた成果は、全て数字とともに、オープンに市民の皆さんに公開した。その方針は、第二次、第三次の実施計画でも貫いた。最終的に、施策数は二千二百五十三件、着手率は九九・二％となった。

決断「モノづくり」にこだわる！

一方で、ただ口先だけで明るい未来を語っても信用してもらえない。とにかく具体的に、方向と方法を示すことに努めた。

そこで、市長就任の翌年、一九八八年（昭和六十三年）に、都市再生の見本として、米国・ペンシルバニア州のピッツバーグ市を視察した。市民の皆さんに声を掛けて、総勢八十人の規模になった。

ピッツバーグは、カーネギー、メロンなど、錚々たる財閥が生まれた街であり、一八〇〇年代後半から一九〇〇年代初めにかけて、鉄鋼業で栄えた。米国最大の製鉄会社、ユナイテッド・ステイツ・スチール・コーポレーション（USスチール）が本社を構える。しかし、一九五〇年代から環境問題が深刻化、一九七〇年代終わり頃からは、鉄鋼業の衰退が顕著になり、失業者が増加した。

ピッツバーグの郊外に出てみたが、廃墟のような製鉄所跡が放置されていた。最盛期には二万人の従業員がいた工場に「FOR SALE（売ります）」の看板が出ており、その状況の厳しさを実感した。

　ピッツバーグはそこで、「煙の街」（鉄鋼）から「ハイテクの街」（ＩＴ＝情報技術）に生まれ変わるという大胆な転換を図る。要は、重工業ではない、新しい産業を生み出していく街になっていくのだ。

　その時、わたしが非常に参考になった点は、街づくりが民間主導だったということ。「アリゲニー地域開発協議会」（ＡＣＣＤ）など、再生のための協議会をつくっていたが、カーネギーやメロンといった財閥のトップが運営していた。

　民間人の中でも、まさに「超一流」の人々が、強い決意で都市再生に臨んでいたのだ。意思決定のスピード化のため、代理出席をいっさい認めない会議の運営手法にも再生にかける強い意志を感じた。

　そこでは、官民協力も話題となった。わが国の場合には、官民協力というと「垂直的」と言われることが多いが、米国はニュアンスが違い「行政をあてにしない官民協力」で、どちらかと言えば「水平的」な関係であった。「行政は、民間の邪魔をしない」という意味で、官民協力の日米の考えの違いを感じた。非常に新鮮だった。

ピッツバーグ市は、いわゆる「規制緩和」で、民間の行う様々な改革に、側面的な後押しをしていたのだ。その結果ピッツバーグは、環境問題を解決し、街の再開発を行い、ハイテク都市へ転換した。また、地元大学の研究成果に基づく新技術と民間活力を活用し、ベンチャー企業の育成も積極的に行った。結果、全米で「最も住みよい都市」とされるまでに甦った。

このピッツバーグ再生の例は、官営八幡製鉄所発祥の地であり、重工業で栄えてきた北九州市にも大いに参考になると考えた。そして、再生を果たした街の姿を、市民の皆さんに見てもらうことで、都市再生の手法と結果の見本とすること、さらには未来への希望を持ってもらいたかったのだ。

当時は「重厚長大産業よ、さようなら」と言われた時代である。伝統の鉄鋼業の状況が非常に厳しくなっていた状況だっただけに、「モノづくりをもうやめて、商業都市に」と言う人がいた。つまり「モノづくりはもう駄目だ。これだけ落ち込んできたら、北九州市は工業都市では駄目だ」というわけだ。

ピッツバーグは「モノづくり」から転換し、再生を果たした。では、北九州市はどうすべきか？　モノづくりにこだわるべきなのか？　ここは非常に重要な決断だ

市民とともに訪れた米国ピッツバーグ市で、カリジュリ市長（右）と固い握手（中央はピーズ・ＡＣＣＤ専務理事）

った。当然、考え方によってはモノづくりからの撤退もあり得た局面であった。

市民の議論でも様々な意見が出たが、結論は「モノづくりにこだわる」だった。ここが、ピッツバーグを都市再生の参考にしながらも、真似をしなかった点である。北九州市には、明治以来の重工業中心の発展の歴史があるからだろうか。または、「モノづくり」のＤＮＡがあるからだろうか。圧倒的多数が「モノづくりを残す」「都市再生の一つの大きな柱とする」考えを支持し、わたしも全く同感だった。

こうして、北九州の持つ産業技術と基盤を生かして、新産業創出に向けた知的基盤を整備する、というシナリオが出来上がった。

この大方針が決まったことによって、街づくり計画の核が確固たるものとなり、政策の展開の途が容易になった。

「モノづくり」政策の柱は、重工業、鉄鋼中心から新しい産業技術を生み出すことである。この転換にはどうしても時間がかかる。実際、北九州市で新しい産業技術が開花するまでは二十年かかった。今現在、ようやく陽の目を見つつあるという状況だ。

それらは情報（ＩＴ）関連、自動車関連、ロボット関連産業などだが、現在、これは内外の厳しい環境の中で発展途上の段階にある。

ピッツバーグの再生は、執行力の強い、民間トップたちが論議して成し遂げた。それでも、一九四〇年代から始まって、約四十年の歳月を要した。

「No Quick Fix（慌てなさんな）」——北九州市の再生を、四、五年で成し遂げなければ、と意気込んでいたわたしを、ＡＣＣＤ専務理事のロバート・ピーズ氏はこうたしなめた。決して急がないというわけではない。ただ、必要なのは「グランドデザイン」であり、決めたら勇猛果敢に実行に移す、その実行力なのだと知った。

アイデアで遊休地は〝宝の山〟

再生の方向は決まった。次は、その具体的な手法を考えなくてはならない。手法を決めるに当たって、わたしは、北九州の特長は何か、欠点は何かということから徹底的に考えた。そして、長期計画をどういう視点でつくるか、ということがポイントだった。

そこで、北九州市基本構想審議会会長を金森久雄さん（元・日本経済研究センター会長）にお願いした。金森さんは、常に前向きな方向に物事を考えるエコノミスト。この重要な役目をお願いするのにふさわしい方だった。

金森さんと議論をしている中で、結論が一致したのが、北九州市が栄えた要因と衰えた原因を探せば、未来が見えてくる、ということであった。

長所は何と言っても、本州と九州の結節点で、交通の便の良い場所に位置していること。発展が見込まれていた中国、韓国と東京との、ちょうど真ん中にあるのが北九州なのだ。

つまり、中国や韓国など、環黄海圏の都市と付き合うのに絶好の位置にいることで地の利は抜群に良い。欠点は、これらを生かす交通、物流基盤が弱いということである。

もう一つは、あまり知られていないが、工業都市でありながら、市内には多くの山地や長い海岸線があり、非常に自然に恵まれている。これは政令指定都市としては珍しく、北九州市にとっての貴重な財産だ。港湾地域の活用も、視点を変えればメリットになると考えたのだ。

三つ目は、かつては公害問題があり、「負の遺産」ではあるが、公害対策に従事した人材と技術がある。これをプラスに転化することを考えた。

つまり、都市再生の手法は、「地の利を活かす」「自然を活かす」「かつての遺産を活かす」ということになった。具体的に言えば、「モノづくりの街」を基本にした上で、「地の利を活かす」と言った時に、かつて、飛行機や高速道路がなく、海運が主流の時代には、門司港がその拠点であり、九州の「大都会」として栄え、流行が生まれ、情報も発信してきた。

港を門司につくったおかげで北九州工業地帯は発展の歴史を辿ってきた。北九州が栄えた原因は、交通の要衝であったということと、アジアに近いことで、中国の鉄鉱石と筑豊の石炭で製鉄所をつくったという歴史があった。

近年、世界的に産業構造が転換。新幹線が開業し、高速道路がつくられ、空港ができて、門司の優位性は低下しているが、北九州市に地の利があることと、鉄と石炭で栄えたという歴史があることに変わりはない。問題は今の時代に生きる武器にするために、何をしなければならないか。

まず、地の利を生かして交通の要衝の地位を取り戻すこと。そのためには国際化に対応できる空港をつくらなければいけないし、アジアに面した響灘に大水深港湾をつくらなければいけない。

また、マイナスであった公害の経験をプラスにするということは、環境技術の創出につながる。かつての公害対策の人材と技術を発展させ、北九州市を「環境都市」とすべく、各政策を進めることとしたのだ。

これは文字通り広大な「北九州再生プラン」だと言える。

ピッツバーグを視察した時に確信を深めたのは、街の構造を大きく変えるには、企業と歩調を合わせた地域再生が絶対に必要だ、ということだ。ピッツバーグは、民間が主導、行政がそれを側面的にサポートする形で、都市再生が進んでいったからだ。

一九八五年（昭和六十年）、米国・ニューヨークの「プラザホテル」で、先進五カ国蔵相・中央銀行総裁会議（G５）が行われ、為替レートに関する合意がなされた。いわゆる「プラザ合意」である。

この影響で、当時の日本は円高不況の最中。北九州市内の企業も最も苦しい状況だった。そのため、行政と企業が、お互いに「結果よし」の関係になることが必要だと考えた。つまり企業と「運命共同体」になることを目指した。

しかし当時は、行政が企業と運命共同体になるという発想はほとんどなかった。むしろ、北九州市も経験した公害問題などがあり、日本全体として「企業が来ては困る」という風潮があったほどだ。

地方自治体は、公害が発生するというマイナスイメージと、企業が来れば人口が増え、教育・保育経費の負担が増えると歓迎していなかった。歓迎どころか、多くの自治体は人口増の抑制を目的に「指導要綱」をつくり開発者から負担金を徴収さえしていた。今では時代が変わって、財政難であっても大半の地方自治体は「ぜひ企業に来て欲しい」と考え、そのため、「企業とどう付き合うか」は、現在では大変大事なテーマとなっている。

「運命共同体」となるために、企業遊休地の活用に着目した。調査したところ、当時北九州には五ヘクタール以上の遊休地が約四十カ所あった。それだけ北九州市の景気が落ち込んでおり、それらの土地が使われる予定はなかったということである。

多くの人から「〝ペンペン草〟の生えている土地をどうするのか」と言われたが、わたしは「あれは宝の山です。いいプランがあれば必ず甦ります」と訴え続けた。これも「マイナスをプラスにする」という発想だった。

実際、後の「エコタウン」も埋立地、空地だからできた。製鉄所が高炉二本を一本にすると同時に焼結工場を廃止し、空地となっていた。それを何とか活用できないかと思い、いろいろ知恵を絞った結果だった。その意味で「エコタウン」は、公害と企業遊休地という二つのマイナスをプラスに転化したプロジェクトだと思う。

九州初のテーマパーク「スペースワールド」も新日本製鐵の遊休地だった。その隣接地の東田地区は、工場跡地だったものをＪＲの線路を移して市街地に整備し、商業地や住宅地だけでなく、北九州イノベーションギャラリー（産業技術保存継承センター）、いのちのたび博物館（自然史・歴史博物館）、環境ミュージアムなど博物館群も建設した。

その他にも、ＪＲの操車場跡地に鉄道貨物ターミナル駅を作り、九州の鉄道貨物の中枢とした。年間二百万人を超える観光客を迎えている門司港レトロ地区も遊休地、遊休施設の活用が基本となっている。今、市内に遊休地はほとんど残っていない。

いずれにしろ、使われていないものでも、古いものでも知恵さえあれば、幾らでも活用できるということである。要は例えば遊休地をどうするか、制約された場所をアイデアを働かせて、〝宝の山〟に替えてしまうという「意欲」「政策」だと思う。

「癒着せず、密着せよ！」

街を再生させるには、企業との連携が不可欠だと考えた。その組織を動かすという大問題には、経営トップの理解が必要だし、都市再生には何よりスピードが大事である。そのため、組織内の意見を積み上げるのではなく、いきなり関係者のトップとの会談を提案し、実行してきた。

具体的には、新日本製鐵やＴＯＴＯ、三菱マテリアル、安川電機、東芝をはじめ、ゼンリン、三井ハイテックなどの地元企業とも話し合いを持った。また、企業だけでなく商工会議所、中小企業経営者協会などにまで幅を広げ、今まで例のなかった大学の学長とも会談を重ねた。全てわたしが直接話し合ったのだ。

この「トップ会談」を実行したことが、その後の土地活用にも大きな効果をもたらし、企業との関係強化にも役立った。今の言葉で言えば「トップセールス」だろうか。企業との連携は、企業遊休地を活用する、つまり欠点をプラスにする方法にもつながった。

わたしが市長になるまでは、企業との付き合いは、企業は企業、民間ベースでやってもらうという雰囲気だった。日本全体でも、官と民つまり民間や企業と行政との間は、不文律的な役割分担意識があり、疎遠だった。それまで互いに没交渉だったのを、責任者と市長のわたしが直接会談した。

街を再生するためには、土地資産をどう活かすか。そのためには「公」の計画とリンクするに越したことはないと考えた。

「北九州の景気が落ち込んだこの時、どうするか」といった視点で、一つの例として「あの遊休地をどうしますか？」と切り出し、「土地の利用から始めましょうよ」と話し合っていった。

トップとの交渉は、まずは「協力してください」とのお願いから始まった。相手の反応は様々だったが、何しろこうした会談を持ったことがないことから、戸惑う方もいらしたと思う。しかし、会談を実施したことで、「街を再生する」という同一の目標を持ってもらえるようになったことが大きかった。

「民間と行政が、同一の目標を持つのは大変ではなかったか？」との疑問を持つ方もおられるかもしれない。しかし、北九州市の場合、行政と企業との信頼関係・協働関係にも「遺産」があった。

それは、「公害対策」に取り組んだ副産物だ。公害問題では、公害六法が制定、制度化され、定着してゆく過程で、企業と自治体との間で各地で問題が起こった。もちろん、北九州市も例外ではなかった。何しろ日本における、光化学スモッグ警報第一号は北九州市。その時、北九州市はどう乗り切ったかと言えば、「企業との協定」という両者の契約＝約束の形で対応してきたという歴史を持っている。

しかし当初は、公害がどんなものか、あまりわからない中、大気汚染、水質汚染などを巡って、法律や条例基準の厳しさに悩まされながら、互いに不信感をつのらせての取り組みだった。

北九州市と企業は、共通の敵＝公害に立ち向かう基本方針を確認し、いわゆる「公害防止協定」を結んで、一つ一つ問題を解決していった。

従って、北九州市では企業と行政は対立しながらも、最後はまとまるという経験を持っていた。互いに目的を達したら一緒に「バンザイ」ができる。この〝戦友〟ともいえる信頼関係・協働関係の「遺産」があったのだ。お陰で、あまり知られていないが、北九州では公害訴訟が住民から起こっていない。

トップ同士が手を結べば、それぞれの職員も当然手を結ぶということを肌で実感した。市の職員には「企業とは癒着は駄目だが、密着はせよ！」「情報の交換は密にせよ」と訴えた。

余談だが、この「癒着は駄目だが密着せよ」は今でも職員の間で〝末吉語録〟の一つとなって受け継がれていると聞いた。

これは、他の都市だけでなく、民間企業にとっても決して無関係な事例ではないのではないか。方法は、地域や企業の特性などでいろいろあると思うが、要は同じ目標に向かってベクトルを合わせ、双方「ＷＩＮ・ＷＩＮ」の関係を築けるように知恵を出し合うことが大事なのだと思う。

今日の企業との関係は、大きな流れで言えば、企業の持っている、定年で辞めていく人材、いわゆる「団塊の世代」の人材をどう地域に活かすかということになってきた。現在の新しい課題だと言える。

実際にその気になれば、自治体同士の連携は、特に近年では、共通の話題、悩みも多くなったこともあり、企業との間よりもっとやりやすいと思う。

わたしが思い切った手を打つことができたのは、ごく短期間しか北九州に住んでいなかったため、客観的な視点で故郷北九州が見られたこと、北九州市議会が多数与党で協力して頂いたことが大きな要因である。

そして最も大きかったのは、建設省（現国土交通省）に籍を置き、自治省（現総務省）に出向したり、県庁や地方の出先機関でも働き、北は仙台、南は宮崎まで、規模や分野は違っても、いわゆる現場での行政の経験もあり、制度の使い方などの「型」を身につけてきたからではないかと思っている。

企業遊休地の活用を例に、都市再生に向けての取り組みを紹介してきたが、わたしはその他にも「新北九州空港」「響灘大水深港湾」「北九州学術研究都市」「エコタウン」など、都市の骨格や産業振興の要となる重要な社会基盤を整備してきた。一方、後に「北九州方式」と呼ばれる、市・区・小学校区の地域福祉ネットワークや小学校区単位の新たな地域運営の仕組みづくりなどソフト面からも都市再生を推進してきた。

また、これらの都市再生メニューの展開と並行して、行財政改革を実施し、簡素で効率的な行政運営を心がけてきた。

都市再生については、ルネッサンス構想十五年目に、それまでの取り組みや改革の成果及び今後の課題について、学識経験者や大都市圏のシンクタンク、マスコミ関係者に学術的観点から評価してもらった。

学識経験者からは「慎重で国の制度を巧みに利用した財政運営によって、相対的に起債依存度の低い健全財政が実現された」「徹底した国際戦略により、北九州市の国際認知度を著しく高めた」といったプラス評価をいただき、「四大プロジェクトの帰趨が二十一世紀の北九州経済の将来を左右する」「国庫支出金や地方交付税交付金の削減が強まる今後が正念場」との指摘もされた。

シンクタンクやマスコミを対象とした調査では都市のイメージカラーが灰色から青色に変わり、新しい都市イメージが定着しつつあると報告された。

これまでは、「工業都市」「鉄冷えの街」だったものが、「環境首都」「観光・交流都市」など、新たなイメージが生まれつつあることを確信した。水面下に沈んでいた街が、知恵や工夫を凝らし、官民一体となって取り組んできた結果、浮力を得て、ようやく水面に顔を出したと言ってもいい。アジアの主要都市と比べると規模は小さいかも知れないが、空港、港湾、大学などもとにかく、それなりのものは手に入れることができた。

しかし、わたしはここで歩みを止めてはならないと思う。これまでは、都市の骨格となる社会基盤を整備することが「腕の見せどころ（技術）」であったが、今後はこれらを使いこなすことが「腕の見せどころ」となる。北九州市は戦う武器を手に入れた。しかし、後発組が追いつき追い越すには、その武器をスピード感を持ち、腕力と知恵を駆使して使わなければならない。

第二章

人が「宝」——「フォア・ザ・ピープル」の人材育成

「殻を破って挑戦せよ！」

「従前の殻を破り挑戦せよ！」――わたしは市長に就任以来、常に市職員にこう訴えてきた。

「どん底からの都市再生」を余儀なくされた北九州市。様々な経済の指標だけでなく、人の心も「どん底」だった。市民の四分の三が「前途が暗い」と嘆く街で、その中で働く市職員の心はどんなものであったろうか？　わたしはまず第一に、実行部隊である職員の奮起が欠かせないと考え、「人興し」の一環として、職員の意識改革に取り組むことにした。

しかし、人の意識を変えることほど難しいことはない。まして、わたし自身が役人出身でよくわかるが、「お役人意識」を変えることは非常に難しい。

だが、公約を実現するためには何としても、職員の意識を根っこから変え、市役所組織を根本から活性化し、やる気を起こさせねばならない。わたしは「組織の改革」と「職員資質の向上」を二つの柱に掲げた。

最初の「組織の改革」だが、今では少し変化の兆しがあるとはいえ、行政システムは、国も地方も原則「縦割り」だ。また、北九州市は政令指定都市であることから「国の小さな出先機関」という捉えられ方をしていた。国の組織の引き写しというか、「ミニ霞が関」が地方にあったと思っていただくとわかりやすい。そのため、市の職員もそれぞれの監督官庁の方を見ていたし、霞が関の政策を待たなければ、仕事が動かないという状況だった。

意識改革がまず第一、と考えたわたしは、最初に「三ない主義の廃止」を訴えた。就任しての第一声でも発言したし、新年のあいさつなどでも繰り返して訴えた。内容は「『法令がない。予算がない。前例がない』を理由に思考や行動を止めるな」。

それにもう一つ。「一切のタブーにとらわれず、聖域に踏み込め」ということだ。簡単に言えば「従前の殻を破り、挑戦せよ！」という檄を飛ばしたのだ。

例えば、就任してすぐ、CＩ（コーポレートアイデンティティ）運動を起こした。民間企業ではすでに始まっていたが、行政への広がりはまだこれから、という時期。そこで、最初の講演を当時、アサヒビールの会長をされていた村井勉さんにお願いした。アサヒビールは村井さんが社長就任直後の一九八〇年代半ばには、年間出荷量の全国シェアが一〇%を切るなど、史上最低を記録していた。村井さんはCI運動を展開し、消費者の嗜好調査を行って、「コクがあるのにキレがある」という新しいビールの味を打ち出す。そのあと生まれた「スーパードライ」は空前の大ヒット商品となった。CI運動が「スーパードライ」の生みの親ともいえる。

他にも、ブリヂストンや第一勧業銀行（現みずほ銀行）など、CI運動で成功した企業は多かったが、ただ、当時は役所でCI運動に成功した例はなかった。どうしても「新しくロゴをつくればいい」という程度で終わってしまっていたのである。そこでわたし達は、「CI」の意味を徹底的に勉強し、失敗例まで頭に入れた上で、活動を開始した。

最初に、係長クラス（後の局長や助役クラス）を三十二人集めて、「北九州市は何をすべきか」について、徹底的に検討させた。その時にも、とにかく「前例主義」は否定した。当然のことながら、既存の秩序を破壊し「前例がない」ことを行えば、それぞれの現場で〝大騒動〟が起きる。言ってみれば、あえて「掻き回す」わけだ。しかし、これが「意識改革」において、非常に大事なことだった。

ある時、CI運動の責任者が「市長、これからわたしもCIを勉強します」と言ってきた。しかし、わたしは「君の仕事は、CIの勉強ではなく、降りかかってくる圧力を跳ね返す防波堤となることだ」と言って帰したこともあった。

CI運動の「コンセプト」は「明確に変わらなければならない」、そして「変わるべき方向性を示す」だった。かんかんがくがくの議論の末に結論は出た。それは「明日を創る挑戦市役所」、そのための職員の行動指針は「市役所から飛び出し、もっと感じます。もっと考えます。もっと行動します。」。

その理念の実現に向け、様々な制度を改革した。

一つは人事制度。異業種交流を促進するために、職種を超えた人事異動を行ったり、勤務評定に「挑戦加点制度」を導入。面接重視の「活性化職員」を採用するための枠を新設したりもした。

わたしが、一九八八年（昭和六十三年）一月九日に、職員に向けて送った『市長からの手紙』を抜粋する。わたしのCI運動への考え方が要約されていると思うからだ。

「これから展開するイメージアップ作戦は、新しい北九州市と北九州市役所を築き上げるきっかけともなる事業……、必ず成功させねばならないと不退転の決意で臨む。そのため、この事業に対する全職員の積極的な取り組みが必要。現状に満足せず、問題意識あふれる全職員の英知と力を結集せよ。それぞれが最大限に生かされるとき、はじめて個性と魅力にあふれたわが市の都市イメージの創造が可能となる。」

孔明の「私心」のなさに感銘

わたしの人材活用の考え方は、当時の北九州市の職員一万二千人が、一割多く働けば千人分以上の働きができる。そのために意識を変えようというものだった。

かつては、「公務員型」というのは、社会人の代表的一類型として、社会的認知を得ていた。目立たず、着実に仕事を進めるというのは確かに大事なことではあるが、難局、危機にあっては、それだけではいけない。意識を変えてもらわなければならない。そのため、危機意識を醸成するように努めた。

もう一つは、組織として、今までのルーティンワークに加えて、新規の事業に取り組む。そのためにも、人材を整備して、〝戦い〟に臨まなければならなかった。

これまで、行政はともすれば弾力性を欠く組織運営を行ってきていたため、そこに風穴をあける必要があった。しかし、この時もわたしは拙速を避けた。意識改革も組織運営も「漸進主義」で着実な変化を目指した。

また、市民に協力を求め、企業トップ、大学のトップ、その他関係各所のトップに「北九州を再生するためにはどうすればいいか」という知恵を貸してもらうために、様々な働きかけをしてきた。中でも、一番協力を求めなければならないのは市職員だ。職員に「同感」「共感」がなければ動いてはくれない。ただ、「やれ」と命令しただけでは、人は動かない。

これは、企業にも言えることだと思うが、「組織全体を掌握し、組織の方針を徹底し、それを行動に移すにはどうしたらいいか」というのは、大きな課題だ。

わたしの考え方を紹介しよう。まず先を見据えた人事配置の用意である。例えば、空港、学術研究都市、マイタウンマイリバー事業や水道や病院などあらゆるプロジェクトごとに、これから四年なら四年の間に、どこに大きな課題があるか、時期はいつ頃かを見極めておくことは極めて重要なことである。課題にあわせて常に人の配置を考えるのは上層部の責任そのものである。

第二に採用時の職種にとらわれない弾力性を持つことである。これは単に制度を変えねばならないほどのことではなく、「人」の心を興すために必要な施策である。その上にしっかりとした評価を行い、やる気を引き出す。これは「人興し」の重要なポイントなのだと思う。例えば、事務系と技術系の職員の間にあった垣根を取り払い、組織に「横串」を刺し、技術系職員を区長、総務部長に任命したり、企画担当局長にも登用した。また一方、市長に就任する前からあった「管理職登用試験」を積極的に活用してきた。

第三に外部人材の積極的活用である。国際都市となっていくためには、英語能力を持った人材が必要だし、情報化社会の中では、ＩＴに精通した人材も必要になる。さらには、制度を変える、政策を立案する能力を持った人材が必要だ。これらの条件に当てはまる人材が職員の中にいない時には、育つまでは足りないところは補うことも必要で、いわゆる天下りや民間を含め、広く人材を求めてきた。このことは、もう一つの大事な柱である「職員の資質の向上」の面からも組織全体に好影響をもたらすことを期待した。

また、アジアに向かっての政策を展開する時には、広く俯瞰できる視野を持った人間を育てることが必要である。そのために、北九州市から中央のシンクタンクや広告代理店、中央省庁に出向させてきた。

行った人間にとっては、霞が関（行政）や大手町（財界）の論理などを知る貴重な機会。これを地方行政にも反映させていくという狙いである。国内だけでなく海外にも派遣してきた。派遣する時の基準は「本人にやる気があるかどうか」。「行かせて下さい」という人間を行かせることにしていた。海外もアジア、ヨーロッパなど幅広く派遣してきた。これも人材育成である。組織力を上げていくのに一番良い方法だと思うのが、優秀な人間を内部に抱え込まず、外に出していくことだと考えている。外部から「師範代」を迎え、優秀な人材を「武者修行」に出して組織の活性化を図ったといえようか。

そうして、職員の意識改革をしてきた中で、伸びてきた人材は？　というと、やはり、〝フォア・ザ・ピープル〟の精神を持っている人だった。市のため、市民のためを思って勉強をしてきた人である。

そういう人間は、勉強をした結果、いろいろな所に行っても臆せず、自分の意見を言えるようになった。例えば、北九州市は「エコタウン」、さらには公害克服の歴史から、環境行政で常に先端を行っていることから、環境関係の仕事をした人間は大きく育った。理論と同時に、実践していることが強い。

第四に人事は人の組み合わせを特に重要視し、配慮してきた。例えば局長、部長、課長といるとすれば、その組み合わせが重要になる。

わたしが建設省の時代に、局長、部長、課長にそれぞれの同期のトップクラスの人間を置いた例を知っているが、この時が一番物事がうまく進まなかった。それは、みんな優秀であるため、自説を譲らない。みんな理屈は合っているからだ。

そうすると、組織をうまく回転させていくためにはどうしたらいいのか。これは、現場など、様々な場面を踏んできたわたしの経験から、上に立つ人間は大局的判断が的確で、かつおおらかで、「責任はわたしが持つから、やってくれ」という人間が一番いい。

一番目は責任を持つ、二番目がしゃかりきになって仕事をする人間、三番目は、二番目の人間の言うことを忠実に実践する人間。この組み合わせが一番うまくいくのではないかと経験から思っている。さて皆さんはどう思われますか。

第五に信賞必罰の評定である。勤務評定をしっかりすることが、何よりも職員に対して励みになると考えた。どうしても従来型の手法では、人事担当課が「誰がどの年次で、誰と誰が出世が遅れている」という見方が中心になってしまう。この風潮は是非打破しなければ職員の意欲は生まれない。

勤務評定をすること自体が問題視されるような時代もあった。賞与についても、差がほとんどつけられなかったときもある。そこで最初に手をつけたのは、前述の挑戦加点制度である。業務などで困難な事案に挑戦した職員には、成果の多寡にかかわらず評価を加点する制度にしたのだ。これは職員の何事にも挑戦するモチベーションづくりにも大きく役立った。その後は、順次管理職から勤務評定制を拡大していった。

評定は、課長は局長が見て、部長や局長はわたしが直接見た。年度初めに、それぞれ目標を掲げさせて、その目標を達成できたかどうかを見る。できる限り数値目標を出させたが、わたしは年度初めの時にヒアリングをしてきた。

気を付けたのは、例えば周りの誰が見ても「A」の評価の人間が、自らの申告で「C」をつけてきたら、「遠慮をしているな」とわかる。しかし、本人だけが「A」

だと思っていて、誰が見ても「C」という場合がある。その時は、上に立つ人間として気を付けて対応してきた。また、仕事をしていれば、どうしても失敗する場面も出てくる。そうした場面でどう処遇するかも、トップの大事な役割になる。

わたしは原則として、失敗をした人間にチャンスを与えてきた。しかし、仕事ができる人間でも、一定の矩《のり》を超えたら、これは「泣いて馬謖を切る」しかないだろう。

そうした場面で、わたしが範としたのは、三国志時代の、「蜀」の国の軍師・諸葛孔明だ。孔明は厳しい人で、「私《わたくし》」がない人間だったと伝えられている。感動するのは、君主である劉備が亡くなる時に、「息子（劉禅）の器が小さいときには、国を任せる」と言われる。しかし孔明はそれを固辞して、君主としての力量が足りないと言われた劉禅を補佐して国を盛りたてようとした。この「私心」なさには非常に感銘を受けた。自らもこうありたい、と常に思って市政にあたってきたことを正直に告白する。

意識改革は、二十年続けてきても、まだ七割まで来たという程度だと思っている。生身の人間の行うことではあるが、市民の監視の目も含め、常に緊張感を持って仕事をする状態に置き続けることが必要だ。

さらに言えば、実行部隊を動かすには「最初の半年が勝負」である。

例えば、市長が替わって新たなスタートを切って、注目されているうちに早めに着手をし、成果を出すことが必要だ。この期間内に、内外に対して〝旗幟〟を鮮明にすることは、社長交代した時の企業と同じだと思う。トップが替わって、その人が何を変えて、どう判断するかを職員は見ているし、その後の士気に大きく影響する。

「ミニ霞が関」への決別

やる気を出させるためには、特に「行政は一番やりがいのある仕事だ。しかも、市の行政は地域に密着している仕事だ」と常に言い続けた。

また、街の歴史的変革期であり、その街づくりに参加する意義を強調した。新しい職員が入ってくるたびに、「君たちはいい時に入ってきた」とも話をしてきた。

そうして、実際に街が形を変えていく様子を体感させることで、人材も育ち意識も変わっていった。

職員のやる気を起こす具体案はいくつかあったが、その一つが「職員提案制度」である。

この「職員提案制度」を見直し、たくさんの提案が出るようにした。中でも一番多かったのは消防局からの提案であった。市役所全体で毎年だいたい五、六百件の提案があり、その約七割を採用してきた。

新たな制度では、提案提出でおしまいにしない。全ての提案に対して、採用したら採用した理由、しなかったらその理由を付けて必ず本人に返した。十七年間で約一万件もの提案が出てきた。

これを整理するだけでも市政へのアイデアとしていろいろと活用することができる。

トータルで見ると、市政に関する情報量は、市民からのものよりも職員からの方が多くて、内容の濃いものがあった。

市政のための提案であるため、一万件近い提案をちゃんと見ると、切実感のある、優れた政策に発展するものが多くあった。わたしはこれを大事にしてきたし、

女性消防団員が福祉を担当するアイデアは職員の提案から生まれた

これらの提案の中から、政策へのヒントを得てきた。特に、各局が連携を取ることで、面白い政策になるものがあった。

提案数が多かった消防局の例を見てみよう。

消防局の提案として面白かったのは、「女性消防団員に『福祉』の仕事も担当させてみては」ということだった。

消防や救急は消防局の仕事だが、「福祉」の仕事と結びつかない、と不思議に思われるかもしれない。

女性消防団の主な仕事は、ひと

り暮らしのお年寄りのところへ行って、防火の指導をすること。余談だが、当初はかつて存在していた「消火器の押し売り」からだろうか、「消防署から来ました」といっただけで扉を乱暴に閉められて、話も聞いてもらえなかったそうだ。

しかし、そのうち顔馴染みになると、防火よりも年金、介護、健康など福祉に関することを相談されるようになる。

そうしたことが続くうちに、女性消防団員たちが「わたしたちもホームヘルパーの資格を取りたい」と言い始めた。そして実際に、二級の資格は女性消防団員の七割以上が取得している。

「わたしたちも消防以外の分野でもその人たちの役に立ちたい」という彼女たちの声を聞いて、市役所の組織が「ミニ霞が関」の行政から、地方行政本来の姿や強みに近づいたことを実感した。ようやく職員が自分の職務以外の分野にも目を向けてくれるようになったことが嬉しかった。

急進主義でなく漸進主義で

わたしが、市政を行う上で持論としてきたのが、「現場の視点を入れながら、中央省庁の縦糸と地方の横糸で政策を織りなす」というものだった。

霞が関と違って地方行政は一人の首長の下、横の連携を取りやすいのが特長であり、強みである。逆に横糸がないのは霞が関である。また、市政の第一線の現場では仕事の垣根がない。そのため、組織の間の壁を低く、溝を狭くし、みんなで横串を刺してやろうと言う。これで組織の士気はとても上がるのだ。

先ほど紹介した、消防局以外の「横串」の例を挙げると、「生活環境パトロール」の設置がある。

それまで市役所では、道路や公園、違反建築、不法投棄などに十局十九業務が別々にパトロールをしていた。しかし実際は、多くが同じ場所やルートを回っていた。そこで、四局五業務を統合したのである。

統合してもパトロールや立ち入りの根拠法令が違うので、一人に複数の身分証明証を持たせたが、もしも「地域総括パトロール法」などという横串の法令を作ってもらえたら、これも一枚で済んだはず。ただ、それを制度のせいにしてはいけない。今ある制度の中で、できる極限までやる。それが必要な精神だと考えていた。

次に、後に「北九州方式」と呼ばれることになる、「保健と福祉の統合」の事例を見てみたい。

北九州市は、全国にある政令指定都市の中でも、最も高齢化が進んでいる都市だった。そのため、高齢化社会への備えを、全国のどの都市にも先駆けて行わなければならなかった。そこで、「お年寄りをたらい回しにしない」という基本哲学の下に、施策を考えていった。

それまでは、ご高齢の方が相談に行く窓口は二つあった。「保健所」と「福祉事務所」だ。つまり、健康に関する相談と、実際に介護サービスなどを受けるための手続きをする場所が別々になっていたのだ。これは非常に不便である。

そこで、保健所と福祉事務所を統合した。行政の効率化という観点から見ても、「お年寄りをたらい回しにしない」という哲学に照らしても、必要な施策だと考えた。

北九州市には当時、保健所が七カ所あった。つまり、そこには医師が七人いる。それを一カ所にしてしまえば、単純に医師は一人で良いことになる。まさに行革だろう。

しかし、一口に「統合」と言っても、それは全国のどの自治体も取り組んだことのない、初めての改革だった。そのため、実現は一朝一夕にいくものではなかった。

まず手始めに、一九九三年（平成五年）に八幡東区と若松区に「年長者相談コーナー」のモデル窓口を設置した。そのコンセプトは「よろず相談」とした。

これが当たった。窓口への相談が殺到し、職員は連日深夜まで対応に追われた。反響の大きさが、職員の意識を変え、この改革の推進力になった。一九九四年（平成六年）、保健所と福祉事務所を全面的に統合、保健局と民生局も統合し、新しく「保健福祉局」を創設した。

保健福祉を、「市」「区」「小学校区」の「三層構造」で構築した。これが、「北九州方式」と呼ばれるようになった。わたし達の成功を受けて、他の自治体からも、この方式を取り入れたいという声が挙がった。

今でこそ、組織を「統合」するという発想は当たり前になりつつあるが、これもいわば「コロンブスの卵」。まさにこの事例は、「現場の視点を入れながら、中央省庁の縦糸と地方の横糸で政策を織りなす」ものと言えないだろうか。

当然ながら、この「三層構造」による地域福祉は、行政の取り組みだけでできるものではない。社会福祉協議会や自治会などの地域団体をはじめとする各方面の協力があってこそ成り立つものである。その中でも、市の医師会の協力は非常に大きなものであった。

地域で支えるとなれば、当然ながら、市民に身近な医療機関が大切になる。このため医師会には「かかりつけ医」という、市民のホームドクター制度に協力してもらった。一方で、今日、社会的な問題となっている周産期医療については、北九州周産期母子医療協議会を設置（平成十八年一月）し、市医師会、関係医療機関、産婦人科医会、小児科医会、行政が協力して、周産期における医療機関の機能分担と連携促進等を協議した。おかげで、北九州市では、妊婦をいわゆる「たらい回し」せずに、安心して産んでもらえる体制が整ったと自負している。

このように、医師会とは北九州市の保健福祉の方向性や具体的な取り組みについて、時には論争しながらも、まさしく二人三脚で進めてきたが、これも、街を良くしたいという共通の目的があったからこその結果だと考えている。

何でも、最初にやる人間は苦労をする。わたしは、マニフェストの提唱者である北川正恭・元三重県知事（早稲田大学大学院教授）から「地方自治のカナリア」と言われた。

鉱山やトンネルの掘削作業の際に、先頭にカナリアを持って行き、カナリアが死んだらガスが出ているので逃げて、死ななかったら安全だから皆でついて行くという。わたしはまさにそうした「地方自治のカナリア」の役目を果たしていたのだろう。

「福祉の三層構造」の実現に当たっても、積極的に外国の事例を学んだ。

北欧の国・スウェーデンにも市民とともに視察に出かけた。サービスハウスや、介護補助器具センター、認知症老人のためのグループリビング、高齢者のケア付き住宅と一般住宅やデイサービスセンター、レストランが一体となった複合施設を視察した。

長期間にわたって、福祉施策に力を入れてきただけあって、その質の高さには目を見張るものがあったし、すみずみまで行き届いた福祉サービスには敬服した。

その反面、アルコール類やタバコなどの嗜好品やクリーニング代などのサービス代金の圧倒的な高さには、同行した市民とともに、ただただ驚いた。高品質のサービスと同時に、高負担が伴っている、ということも実感できた。

この視察では、ストックホルム市長とも面会して、意見交換をすることができた。その時に「高齢化対策の原点とは何ですか？」と尋ねてみた。すると彼は単刀直入に「財政問題だ」と答えた。この時に、やはり「保健」「福祉」「医療」は三者択一ではなく、三つをセットにして、財政にも配慮することが必要なのだ、と痛感させられた。

女子中学生のアイデアを活かす

また、街づくりには、市民の参加が非常に重要な要素となる。これは、今まで疎かにされていた視点だと思う。

ここでは、わたしたちが実行した「紫川マイタウン・マイリバー構想（ＭＭ）」を例にして見てみたい。

この計画は、市の中心部を流れる紫川を都市のシンボルとし、河川と市街地を一体的に整備、「ウォーターフロントを生かした、新しい〝水景都市〟の創出」を目的としたものである。ＭＭは、川づくり（河川整備）と街づくり（面整備）の両面を持つプロジェクト（事業）である。

ルネッサンス構想の柱の一つである「都心整備」を進める上で、ＭＭは大きな位置を占める事業であった。

また、北九州市の中心を流れる川の様子が変わるということは、市民だけでなく、北九州市を訪れる多くの人にも「まちが変わった」ことを現実の姿として示すことができる事業だ。

次に、それを推進するにあたって、これまで河川整備、再開発、道路整備など同じ土木職の職員でも、それぞれセクション内だけで考えていた仕事の仕方を〝コペルニクス〟的に転換することが求められる。

わたしの狙いは、彼らが横の連携の大切さと、その相乗効果を体験して、他の職員の見本となってもらうことだった。

もう一つ、このＭＭは市役所の力だけで完成するのではなく、民間企業にも協力（投資）してもらって初めて成功する性質であることから、行政と民間の連携のあり方を学んでもらうことであった。まさに、わたしが求めていた「意識改革」が必要なプロジェクトであった。

大きな都市には、必ず代表的な川があり、そこは市民の誇りや憩いの場となっている。例えば、イギリス・ロンドンのテムズ川や、フランス・パリのセーヌ川、日本でも、京都の鴨川や、仙台の広瀬川などはその代表格だろう。

そこで、北九州市の現状を見てみると、都市の中心部、小倉市街地の真ん中には紫川が流れており、その周辺には都市施設の集積があった。特に、川の西側に公共施設が多いことから、用地買収が不要な場所が多く、事業スピードが速くなることが見込まれた。

しかし、一方で当時の紫川は、高度成長時代の水質汚染によって、異臭を放つほどだった。また、周辺の景観も〝劣悪〟といっていいほどだった。市民も汚れた川に背を向けて、関心を示すことはなかった。わたしの市長就任時には、水質改善も進んでいたが、都市のシンボルとするには、さらにそれを進める必要があった。

そこで、MMの計画づくりには専門家の知恵と同時に、市民のアイデアもフルに活用することにした。専門家の知恵は「紫川景観整備諮問委員会」を発足させ、基本構想づくりに着手。委員長には建築家の菊竹清訓氏に就任していただき、専門

ゴミ捨て場同然となっていた紫川左岸（昭和50年頃）

市民が憩える親水広場（現在）

家、学識経験者十人で構成した。

それまでは、市民が街づくりの計画に関わることは全くなかった。しかし、ここでは、「マイプラン紫川」と題して、市民からのアイデアを募集した。これは当時では画期的なことであり、この計画の成功要因の一つともなった。六歳から八十三歳まで、四百五十三点の応募があり、それらのアイデアがヒントとなって実現した計画もある。「洲浜ひろば」は、江戸時代にあった洲や干潟をイメージした広場。紫川は、潮の干満によって潮位の変化がある。その潮の干満を利用して、浜の変化を楽しむことができる。水辺では魚やカニを間近に見ることができ、安全に紫川の流れに親しめ、子どもから大人まで楽しめる都会のオアシスとなった。ちなみに「洲浜ひろば」は、一九九八年度（平成十年度）に建設省による「手づくり郷土賞」を受賞した。

また「水環境館」のアイデアは、当時女子中学生のアイデアが形になったものだ。彼女が出したのは「橋の中から川の中、魚を観察できる施設」というものだった。「水環境館」はこれを具体的に形にした。館内には「河川観察窓」が設置され、窓からは、スズキ・ボラ・カニなどの川に住む生きものの姿や、「塩水くさび」（淡水と海水に境界面ができる現象）など四季折々の紫川の様子が直接観察できる。

二〇〇〇年（平成十二年）、この施設の竣工式の際には、アイデアを出した彼女にテープカットに参加してもらったが、もう二人のお子さんがいるお母さんになっていた。その光景を見て、感無量であったとともに、改めて街づくりにかかる時間の長さを実感した。

このほか、計画の実行にあたっては「マイタウン・マイリバー事業シンポジウム」を開催、企業などに出向いて説明を行う「出前講演」を積極的に行ってきた。

また、国、民間企業を巻き込んできたことも成功要因の一つだ。この事業は、河川と市街地の一体的整備のため、事業費がかかる。そのため、国の補助金を得ることが不可欠だった。アンテナを高く、広く伸ばして、いち早く、国の補正予算に関する情報を入手し、獲得のためにすばやく対応してきた。河川、道路、都市、住宅という四局長連名の認定証を担保に、同じ建設省からでも、各局の補助金を獲得することに成功した。これは四局のセクショナリズムを回避し、逆に活用した例だ。

官民の役割分担の成功も大きかった。

周辺に別館を持っていた百貨店・井筒屋に協力を要請したが、当初は別館の撤去には反対だった。それを粘り強い交渉で説得し、別館撤去後にグルメストリート「紫江'S」を建設し、にぎわいを増大させた。また、東京第一ホテルが、川岸を売り物にしたホテルとして進出、オープンカフェの設置で人気となった。

何度も記述したように、事業の成功には、民間の協力が不可欠。そのために、異業種の関係者と勉強会を重ね、計画に反映させてきた。

にぎわい創出のためには、すばやい対応も必要だった。「紫川M—CAP連絡協議会」や「紫川マイタウンの会」など、まちづくり団体を発足させ、四季折々のイベントや祭りの実施に向けた計画も立てた。

用地買収が短期間で成功したことも大きかった。現地対応を丁寧に、きちんと行ったことで、地権者と占有者合わせて百三十三人いたが、二年半で買収を終えることができた。

何よりもこのプロジェクトの実現には、綿密な計画づくりが必要だった。北九州市としては初の試みである部局横断の組織を編成、下水道、建築、河川など、それぞれの得意分野を生かした計画づくりを進めた。

計画を「絵に描いた餅」にしないためにも、実施部門の協力が必要であり、その

ために は彼らを納得させるだけの方策が必要だった。

この横断組織では、個人机ではなく、一体感を醸成するために一つの大机で全員で仕事をするということが、職員自身の知恵で実現した。小さな試みかもしれないが、こういう隠れた、地味な努力に意を強くした。

この横串しの組織経験を生かした次のプロジェクトは、マイリバー整備に少し遅れて取り組んだマイタウン事業、特にリバーウォークビルの再開発に多大の好結果をもたらした。

都市の再開発、特にそれが都心の大開発になれば多くの困難が伴う。リバーウォークもまさに例にもれない。特に再開発組合を構成するメイン企業の一つのデパートが途中から組合を離脱するという想定外の計画変更もあり、計画づくりから難航した。その時も、市の再開発担当にとってマイリバーの経験があったことが、どれだけこの事業の遂行に役立ったか。目に見えない隠れた部分ではあるが、この先行した苦労と経験が裏方で支えた。

この再開発は、バブル崩壊後の最悪状態での取り組みであったが、事業者グループの卓越したリーダーの存在があった。竣工式典のとき、この卓越したリーダーから「この事業の遂行を裏で支えた行政グループの存在なくしては完成をみていない」とお礼を述べられた。有難い感謝の言葉だった。

そうした努力の結果、紫川は、小倉の中心地を流れる、北九州市再生のシンボルとして甦ったのだ。市民が「故郷」をつくったのである。

女性が〝強い〟街

市民参加のまちづくりの例として、北九州市の女性団体の活躍もご紹介しておきたい。

後にも記述するが、北九州市の公害対策は、一握りの女性たちの動きから始まった。工場からのばい煙に悩まされていた主婦たちが、「青空がほしい」というスローガンのもと、公害防止に向けて動き始めたのである。

しかし、運動と言っても彼女たちのそれは、企業や工場に直接出向いて直談判するようなものではなく、まず、自分たちで洗濯物に付いたばい煙の量を調べ、講師を招いて汚染物質の性質や汚染濃度の測定方法を学んだのであった。その後、具体的な調査結果を基礎に、公害防止に向けた運動を広げ、企業や工場に対して公害防止を求めるという極めて科学的で論理的な方法であった。

他の工業都市と違って市民と企業との間の法廷闘争によらずに公害防止を成し遂げたこの北九州市の公害防止運動を、後にこれを調査した米国の研究者は「静かなる戦い（silent battle）」と表現した。

一般に九州は九州男児と言われ、男が引っ張り、女がその後ろを付いて、しかも男を支えて行くと思われがちであるが、北九州市は、公害対策をはじめ、多くの分野で男性よりも先に女性が活動を始める街であり、しかもその活動は、「しなやかに」かつ、「たくましく」活発に活動する都市でもある。

わたしは、かねてから北九州市の再生・浮揚に向け、女性のエネルギーは不可欠であるばかりか、何よりも女性が活き活きと輝く都市でなければならないと考えていた。

そこで、第一期の選挙公約にも、「女性集団によるシンクタンクの設立」を掲げ、就任後「ミズ21」という女性だけの公募制のシンクタンクを設置した。任期は二年。以来ミズ21の存在と活躍は市民に広く知られるようになった。現在、二十年間に、九期二百八名の女性が、女性の視点で市政に八百件にのぼる提案をしてくれた。このうち八割は実際に着手・実現させるなど、わたしもその活動に最大限に応えてきた。

この北九州市の女性たちの活動をさらに大きく発展させたのが、「アジア女性交流・研究フォーラム」の誕生である。鉄の街・工場の街という男性的なイメージの北九州市に、「女性」と「アジアとの交流」といった新しいイメージを浮かび上がらせたこのフォーラムは、竹下内閣の「ふるさと創生事業」がきっかけであった。どんな事業を展開すべきかは、百一件の提案の中から審査の結果、このフォーラムに軍配が上がった。

理由の第一に挙げられたのが「女性問題に独自性を持って先進的に取り組んできた実績と市民の高まり」であった。つまり、北九州市の女性の底力が全国にも例のないユニークなふるさと創生事業を生み出した。

このフォーラムは、国際婦人年以降の重要な課題とされる「開発と女性〝WID(Women In Development)〟」や環境問題に視点を置き、国際交流と調査・研究を事業の二本柱にしている。アジアの女性の地位向上を目指し、地域を越えて活動し

ノーベル平和賞受賞者、ワンガリ・マータイさんも認めた北九州市の環境への取り組み（アジア女性・研究フォーラム）

ようという壮大な構想は、各方面から注目を浴びている。現在では、日本全国及びアジア諸国にネットワークが広がっている。初代理事長には、その後、女性初の最高裁判事に就任された高橋久子さんに務めてもらった。一九九三年（平成五年）には、旧労働省を主務官庁とする財団法人に組織変えした。地方自治体の事業ではなく、日本のフォーラムだという心意気からである。

アジア女性交流・研究フォーラムが国際的視野での取り組みだとすれば、北九州市女性団体連絡会議の結成と活動は、市内の女性団体挙げての取り組みである。

子育てや教育、福祉、健康づくりなど個々の分野で独自に活動していた北九州の百四十にのぼる団体が一九九四年（平成六年）、「北九州市女性団体連絡会議」を結成し、横断的な女性団体となって北九州市で女性問題の解決に向けて勉強や活動を行うという運動を展開したのである。

結成に至るまでの十年間の女性会議の地道な学習活動のうえに、それぞれ歴史も目的も違う様々なグループが排除の論理を採らずに一つの団体を結成し、そのうえに着々と成果を上げていったことは特筆に価する。

わたしはこの経緯をコミュニティ活動の例として時の総務大臣（麻生太郎氏）に報告したことがある。大臣は話を聞いておられて、合間に短い感想を述べられたが、その一端を紹介すると「よくまとまったなぁ。北九州市の底力だねぇ」「実力があるね。志が高い」「火のようなリーダーがいますね」「セメント工場と同じだね」というものであった。

「セメント工場と同じ」というのだけ理解できなかったので、その意味を訊ねると大臣は「現在のセメント工場は、あらゆるものを包み込んで炉の中で製品にしてしまう。女性団体連絡会議もあらゆるものを排除せず包み込んで結論に至る。それと同じだ」という説明であった。そういえば大臣は以前、セメント会社の経営者だった。「女性団体連絡会議は〝知恵を生み出す炉〟だ」という褒め言葉だったのだ。

この北九州市の女性団体が誇る成果の一つに「男女共同参画社会」という言葉がある。今日でこそ、この言葉は当然のように社会に認知され、内閣府にも「男女共同参画会議」、「男女共同参画局」が設置されているが、この言葉を公の文書に最初に登場させたのは他ならぬ一連の活動の輝かしき足跡である。誇るべき遺産の「男女共同参画」という文字を市の財産として登録しておけば良かったという笑い話も残っている。

しかし、公害防止運動と同様に、北九州市女性団体の運動も決して派手なものではなく、地道ながらも着実な運動であり、まさに芯のある静かなる運動（silent movement）と言えるものであった。

以降、女性センター〝ムーブ〟（現在は、北九州市立男女共同参画センター〝ムーブ〟に改称）を拠点に活動が発展を見ていることは心強い。

わたしは、これらの活動は、女性団体が主役であると考え、黒衣《くろこ》に徹して支援してきた。その意味では静かなる支援者（silent supporter）であったと思っている。そして、これらはわたしの心の中では密かな誇り（silent proud）でもある。

「ダイエット」ではなく「シェイプアップ」

北九州市は、一九六三年（昭和三十八年）に、五市が合併した際、旧市への配慮から、職員の勤労条件に急激な変化はなく、ほぼそのまま手つかずの状態でスタートした。

そして、例えば職員給与を見ても、ラスパイレス指数（物価指数の一つで、この場合、国家公務員と地方公務員の給与額を比較する指数）で、国の水準を一〇〇とすると、北九州市は一三五・八にまで達していた。

そのため、北九州市は全国に先駆けて行政改革を実行に移す。一九六七年（昭和四十二年）から一九七一年（昭和四十六年）にかけて、「第一次行革」を実施、非効率が指摘されていた部門などから、合計で千九十八人を削減した。免職処分を受けた職員からは訴訟を起こされ、北九州市は激しい法廷闘争も経験した。

その後、第二次、第三次の行革を経て、わたしが市長に就任したわけだが、その時に一万二千人いた職員は、幾度もの組織・定員見直しを経て、今日では九千人台近くにまで減少した。

その意味でわたしは、職員の意識改革の地固めをした上で行財政改革に取り組んできた。今後の少子高齢化社会の到来などを考えると、行財政改革は避けて通ることができない。特に、北九州市は、誕生以来、財政基盤が脆弱であったこともあり、他の自治体に比べても早い時期に行財政改革に着手した。

この行財政改革において、わたしなりのアプローチ、つまり「末吉流」の手法は、「一律カットの手法はとらない」「行財政改革のプログラムは、職員自らがつくる」「人件費のコスト意識を持たせる」「改革計画と実績は公開、公表する」という四つだった。

歴代の内閣は、綱紀粛正と行政改革に取り組んできたが、過去の行政改革の歴史をたどれば一律カット主義が主流。一省一局削減、投資経費何％カットなどその典型だ。一律ならみんなで我慢しようということなのだろう。

そうした一律主義で不満を押さえ込んできたわけだが、これは絶対に改めなければばならないというのが、わたしの考え方の基本だ。
必要なところは認めて、不必要なところは削る。これが、行財政改革のポイントの一つ「一律主義からの脱却」である。わかりやすく言えば「メリハリをつける」ことが大事ということ。しかし、従来から言うに易く行うに難いため、一律主義が続いたのも事実である。わたしは、美容用語で言えば、「ダイエット」ではなく、贅肉は削ぎ落とし、必要な部分は強化する「シェイプアップ」なのだと言い続け、不退転で実行に移していった。

職員にはこの行財政改革に対するわたしの考えを予算査定の時など、あらゆる機会を捉えて、嫌というほど説明してきた。その「一律主義」から脱却するには、仕事がわかって、何が必要か否かの実情を知っている人間に考えさせることが重要になる。

従って行財政改革のプログラムは職員自らの手でつくるのが第二の重要な点である。一方で公務員というのは、「自分の仕事が重要」だと思い込んでいる。わたしはそれを乗り越えるためのヒアリングや意見交換は絶対に必要で、自ら率先し、あらゆる機会で行ってきた。

次に、それを調整する能力が必要になる。特に幹部には調整力を要求してきた。

この考えで行財政改革の原案は、あくまで職員みんなでつくることにこだわった。わたしたちがつくった北九州市の改革案は、仕事のわかっている人間が、自分の問題としてつくったもの。作成までのプロセスが一番だと思ったからである。

一般に改革案づくりを、外部委員会やシンクタンクなどに依頼する自治体も多い。しかし、外部に計画案作成を丸投げをしてしまっては、必要と思う部分も棄て去る危険もあるし、また世間並みの成果しか生まれないと思う。そうすると「並み」の街づくりにしかならない。北九州市はこうして職員自らがつくった原案を、公の審議会を経て決定してきた。

第三に人件費のコスト意識の徹底である。

公務員は国も地方も人件費意識に乏しい。乏しいというよりも「ない」といった方が早い。わたしも含めて、公務員はすべて、予算要求のときに人件費を意識したことはないのではないか。

旅費がない。交際費がない。折衝費が足りないなどの要求は数えきれない程あり、人員が足りないという要求はあっても人件費が足りないという要求はしたことがない。

人件費とは、起債償還費、福祉経費とともに義務的経費である。民間でいえば固定経費である。当然支払うもの、カット不可能なものとして一括して計上されている。

財政担当者のみ関与することであって、事業執行担当者の頭の中に全くない仕組みになっている。これが一番大きな問題である。民間会社は人件費とそれ以外の事業費コストは同列に考えられているのに……。

わたしは市長就任以来、職員に、特に管理職に人件費意識を植えつけることに力を入れた。

わたしは予算要求にあたり各局の人件費のコストをいつも意識させる工夫をした。そして予算要求ヒアリングのときはいつも問い正した。それでもバラつきがあり、徹底するには時間がかかった。公務員に人件費意識、コスト意識を目覚めさすのが経営改革の第一歩であることは間違いない。

第四に、計画と実績の公表であるが、行革は目標よりも実績である。いくら目標をきれいな文章で飾っても実績が上がらねば何にもならない。わたしは具体的削減額、削減人員の具体的数字を重視した。従って、年度ごとに目標に具体的数字を掲げて予算審議に臨み、具体的達成額は翌年の決算審議に掲げ報告、公表した。

本格的に行革に取り組んだ平成八年からの十年間に決算で累計件数約九百件、カットの各年度ごとの効果額の合計は900億円に達した。このうち過去五年の行革効果を一般会計ベースに直して累計すると、ちょうどこの間、削減された地方交付税額にほぼ見合う結果である。

徳川幕府時代、ゴマの油と百姓は搾れば……の例えにどこか似てないか。

わたしが行革に真正面から取り組んだ主な理由は二つある。平成十年前後にルネッサンス計画に従って実施した基盤整備費の公債償還に備えることと、少子高齢化対応の財源対策に備える長期的視点であった。

ところが、不退転で取り組んでひねり出し、将来に備えたものをまるまる地方交付税カットの穴埋めに廻さねばならない結果となった。

「政治は結果責任」といわれるが、恨み節の一つも言いたいところだ。

しかし、ものは考えよう。もし不退転の行革がなかりせば財政体質の弱い北九州市は、実質公債費比率も危険水域を突破して、破たんの大都市の中に名を連ねていたかも知れぬ。そう思って「以って瞑す可き」か。

行財政改革に不退転の決意で臨む

「行財政改革に対して反対の声はなかったですか?」との質問を受けることがある。確かに、行財政改革は、今でこそ時流になっているが、二十年前には賛成者はどこにもいなかった。しかし、何度となくしつこく訴えると「やはりやらないといけない」という雰囲気ができ上がってくる。また、そうなるように仕向けていった。

確かに、最初のとっかかりは大変難しかった。みんな、頭の中で必要性はわかってきたとしても、具体的に自分の問題として取り組む時には、勇気が要る。事業の対象者、議会、組合、市民など反対する人も多いからだ。あげくに、行財政改革の実績を誰も評価しない体制となれば前には進まない。それがスタート時の状況だった。そうした状況の時、わたしは市長として「首長が責任を持って、不退転の決意で実行する」ということを明確にした。そうしないと物事が始まらない。

実際、わたしが行財政改革を公約に掲げて不退転の決意を示したのは、三期目からだ。一期目には反対も多く、「公約」に入れることはできなかった。三期目の時も、相当反対があったが、「行財政改革は目的ではない、手段です。浮いたお金を増大する高齢者対策に充てるんです」と主張し公約にした。実行時には説明会を開き、わたしも率先して行財政改革の必要性、財政事情を直接市民に説明してスタートした。

このように、公約に行財政改革を盛り込むことを始めとして、わたしが掲げてきた公約は、今日の目で見てみると、いわゆる「マニフェスト」（当選後に実行する具体的な政策を、予め有権者に確約すること）に似ている、と言われることがある。確かに、二十年前の一般的な公約には、「平和で、豊かで住みやすい」といったような抽象的な言葉しか並んでいなかったし、実現すべき数字を入れたものは、ほとんどなかった。

当時のわたしの公約も、具体的な目標数字を入れていなかったため、今で言う「マニフェスト」とは少し違うのかもしれない。

しかし、数字を入れるだけがマニフェストとは限らないという思いもある。わたしは、公約から実施計画にしていく過程を見ていくことが大事だと考えている。始めから数字を先行させてしまうと、それに捉われてしまって、「木を見て森を見ない」議論になりかねない。

同時に、だからといって抽象的な公約では意味がないことも、そこで学んだ。そのため、公約の内容はできるだけ具体的にした。一期目の公約は二百七十九の項目だったが、五期目まで公約の合計は千件を超えた。その公約を基に具体的な行政計画をつくり、一つひとつに着手すると同時に、必ず実施状況をオープンに報告してきた。この公約を一番よく見ているのは、実は職員である。一体、自分たちはどんな仕事に取り組むのかを注視している。二期目ともなれば、ある程度トップが何をやるかはわかってくると思うが、特に一期目のスタートで何をやるかが非常に大事な点である。

市政をオープンにし、それを市民の皆さんに評価してもらう。政策評価を公正に行うのと同時に、市民の方が、自らも街づくりに参加している、という意識を持って頂ける。これは大きかった。これは一つの「マニフェスト」だと思う。

第三章

街興し――カギは「創意」と「熱意」

「着眼大局、着手小局」

「着眼大局、着手小局」という言葉がある。

全体の問題を大きな目で捉え、その場の判断にも心を配って実践する、ということだと理解している。これを都市経営に当てはめると、長期的に取り組むものと、短期的に取り組むものを区別して実践することだ。

都市経営には長期的な視点が必要である。しかし、それは、ゆっくり時間をかけて取り組めばいい、という意味ではない。時間がかかるからこそ、長期的な視点に立って将来図を描き、スピード感を持って対処しなければならない。

一方で、長期的な取り組みは成果が出るまでに時間がかかる。かといって、その間にも自治体は都市経営をし、市民の生活を維持・向上させる、企業でいえば「利益」を上げていかなくてはならない。特に北九州市は「どん底」からの再生だったため、すぐに目に見える、具体的な成果が必要だった。

その両方に目を配りながら、都市経営を進めるのが、与えられた責務だった。

わたし自身も忘れていたが、当時、職員とこんな話をしたこともあった。

長嶋茂雄さん（読売巨人軍終身名誉監督）が巨人の監督に復帰した年のこと。五月中旬頃から、ローテーションに関係なく、どんどん良い投手をつぎ込んで、勝ち星を積み重ねる姿を見て、職員はプロ野球では読売巨人軍のファンのわたしに、皮肉の意味も込めて「このような采配をしていたら、シーズン終盤には大変なことになるんじゃないですか？」と言った。

それに対してわたしは「それは違う。監督は今ここでゲーム差を離されて、選手が優勝を諦めてしまうのが一番辛く、怖いんだ。だから、今ここは踏ん張りどころだから、シーズンを長期で見てもいるけど、選手が諦めないように、今の勝ちを積み重ねているんだ」と話した。

彼は、「末吉市長の街づくりは、この精神で行っているんだな」と思ったという。ゴールを見据えながらも、短期で諦めさせてはいけない――確かに、長期プロジェクトを走らせながらも「わっしょい百万夏祭り」や「総合住宅展」「都市緑化フェア」といったイベント、つまり「カンフル剤」をどんどん打ってきた。そうしてがんばっているうちに、長期のプロジェクトがどんどん形になってきた。それがわたしの街づくりの方法だった。

「リサイクル事業」で新空港建設

長期的視点で取り組んだものの具体的中身について触れてみたい。わたしは、北九州市発展の骨格を成す大規模インフラ整備を「四大プロジェクト」と呼び、推進してきた。「新北九州空港」「北九州学術研究都市」「東九州自動車道」「響灘大水深港湾」である。

その一つ、「新北九州空港」は、港湾と空港整備を組み合わせ、安いコストで建設するという目標を持って進められたプロジェクトだ。

旧北九州空港は、立地が山のすぐ側で、濃霧が発生するなど気象条件による欠航が多かった。また、滑走路が千五百㍍と短く、空港規模も小さくて、ジェット機の使用は不可能。その上、便数が少なくて「利用しにくい空港」との評価を受けていた。さらに、山陽新幹線・小倉駅の開業で、定期便が二往復に減便されて、ますます利用者が減ってしまった。一九八三年（昭和五十八年）にはとうとう定期便が全面運航休止となった。

旧北九州空港は、まさに時代に適合できる空港ではなく「将来の需要に応えるべきだ」と、新空港建設への期待が高まってきた。一九七八年（昭和五十三年）、北九州市が中心となって「新北九州空港建設促進期成会」を結成し、政府など関係機関に向けた空港建設の促進運動を強力に展開し始めた。一九八一年（昭和五十六年）には、国の第四次空港整備計画に、二千五百メートル級の新規事業として、新北九州空港建設が採択され、その一方で、新空港開港までの暫定的措置として一九九一年（平成三年）、滑走路を千六百メートルに延長し、小型ジェット機による定期便が再開された。

とはいえ、空港は大インフラであるがゆえに、その開港には紆余曲折があった。空港予定地北側の山口県下関市には海上自衛隊・小月航空基地があり、その管制空域と重なっていたことから、その調整は非常に難しかった。同様に山口宇部空港とも空域が重なっていた。

これら様々な困難を乗り越えて、二〇〇六年（平成十八年）三月、海上空港である新北九州空港は開港した。面積は三百七十三ヘクタール。二千五百メートルの滑走路を備え、大型旅客機の離着陸にも対応できる。アジアで最後に登場した一番小型の海上空港だ。

成功させるには、立ち上がりからいろいろと「技」を仕掛けなければならなかった。

開港と同時に、新規航空会社・スターフライヤーが就航した。ドル箱である東京国際空港（羽田空港）からの運航便を確保するため、北九州市の音頭で設立された会社だ。結果、羽田—北九州間で十二便、二〇〇八年（平成二十年）現在で、日本航空と合わせて一日十六便が飛んでいる。この便数確保にも、まさに「東奔西走」した。

沖縄、上海・広州便も就航しており、さらにはロシアやアジアにも飛ばす計画だ。今後、アジアの発展している都市とどう航路を組むかが重要になる。海外から人が来る「インバウンド」の観光客を増やす取り組みは、今や九州全体で行っており、今後もさらなる進展が期待できる。

スターフライヤーへの出資者は、地元と関係が深い企業が中心。実務家を中心に会社をつくったので、これも手堅いスタートを切ることができた。市民の方々から

港湾と空港整備を組み合わせ、低コストで誕生した24時間運用可能な「新北九州空港」

の期待が大きかったし、機体は「エアバス」の中型機だが、デザインが斬新で、非常に関心を持って利用して頂いている。

新北九州空港の大きな特長は、九州初の二十四時間運用の空港となったこと。それが可能になったのは、海上空港で、騒音の影響が少なかったからだ。

二十四時間運用によって、早朝と深夜の就航が行われている。旅客機のみならず、貨物便も早朝、深夜の時間帯を利用しており、これによって、他の「四大プロジェクト」である「東九州自動車道」「響灘大水深港湾」との連携で、北九州の、アジアと日本を結ぶ物流拠点としての位置づけを強めようとの狙いもあった。

当初掲げた「安いコストで」という目標もクリアすることができた。事業費は約1594億円。一九九四年（平成六年）に開港した関西国際空港の事業費が約1兆5300億円だから、その安さは一目瞭然だ。

なぜ、このコストが実現できたか？

先ほど書いた、「港湾整備と空港整備の組み合わせ」がそのカギとなった。

まず港湾整備だが、新北九州空港は周防灘沖にある。周辺の関門航路は国際航路だが、潮流が早く、土砂がたまりやすいため、常に港湾の底面をさらって土砂を取り去る「浚渫《しゅんせつ》」という土木工事が必要になる。

この土砂はいわば廃棄物。そのため、一九七七年（昭和五十二年）に浚渫土砂の処分場として「苅田沖土砂処分場」が着工された。また、一九九四年（平成六年）には「新門司沖土砂処分場」の埋立認可が下り、浚渫土砂の処分場として広大な人工島ができることになった。この人工島の上に「新北九州空港」を整備することになった。

土砂処分場の上に空港を造るという、まさに、巨大な「リサイクル事業」だ。

つまり、港湾事業としての土砂処分場を有効活用し、空港整備事業で新空港を整備した。港湾整備のための予算と、特別会計（空港の整備事業を、航空需要の急速な増加に対応すべく、さらに促進させることを目的として設置された。空港特会）によって、コストも抑えることができた。

新北九州空港の開港までには、一九九四年の着工から約十二年、苅田沖処分場の着工から約二十九年という月日がかかった。空港建設のためだけに埋め立てたのではなく、周辺環境や、港湾整備も含めて考えた結果の時間だ。まさに、街づくりには長期的視点が必要だということがお分かり頂ける事例ではないかと思う。

新北九州空港で空路、そして東九州自動車道で陸路、さらに後に記す響灘大水深港湾で水路が揃った。この陸・海・空の物流基盤が整うことが、北九州市が物流拠点として「地の利」を生かしていくために必要なことだった。

注目される北部九州

北部九州及び山口での自動車生産は、今後年産百五十万台に届こうかという勢いで、中部地区、関東地区に次いで大きな自動車生産基地となっている。

北部九州の良さが注目されている理由は三つあると思う。

一つ目は、北九州市がまさにそうだが、アジア各国・地域に近いということ。二つ目は、日本列島の他の地域に比べて地震発生の蓋然性が極めて少ないということがある。三つ目は、質の高い労働力を確保できる点だ。これは、北九州市を中心に、古来から「モノづくりのＤＮＡ」があるからだと思う。新北九州空港はこれらの点を活かし、国内外の物流の活性化、企業の集積に寄与する拠点空港の確立を目指している。貨物に関しても、二〇〇七年（平成十九年）八月に、新会社である航空貨物会社・ギャラクシーエアラインズが就航した。〝二十四時間運用空港〟は、企業を中心とした物流産業の一層の活性化とともに、首都圏、アジア圏の翌日宅配体制や生鮮特産品の輸送などに、力を発揮していくことになるだろう。

現在、隣接の福岡空港が〝満杯〟の状況のため、二十四時間運用が可能な新北九州空港との分担ということも考えられる。かつて、大和総研が提案した、西日本地域における国際空港整備の構想「ペア・ハブ」も一つのアイデアだ。

具体的に言えば、「機能分担」という考え方だが、福岡と北九州を一つの都市と考えれば、機能分担して集約してもいいのではないかというもの。

福岡（国内線専用）と北九州（国際線、早朝・深夜の国内線）を高速交通網で繋げば、ひとつの空港として十分機能する。

メリットは、滑走路の独立使用による処理能力の向上と安価な整備コスト。例えば、新たに福岡に空港を建設しようとすれば1兆円はかかるとも言われているが、「ペア・ハブ」ならば、滑走路の増設、小倉―北九州空港間の新幹線整備など、見積もっても約2000億円で済む。

今後のアジアの航空需要も睨むと、観光客や航空貨物が増えた時に「満杯で、就航不能です」というわけにはいかない。相手は待ってくれない。そうこうしているうちに他の空港に流れてしまう。需要の伸びにはスピーディーに対応することが重要だ。この連携が実現すれば素早い対応が可能となる。

お隣の韓国が良い例だ。新北九州空港建設が二十五年かかっているうちに、韓国では仁川に十一年間で四千メートル級滑走路を二本も造っている。このスピードの違いは大きい。

北九州と福岡は今、水の問題でも「緊急導水をしましょう」というところまで進んでいる。水だけではなく、鉄道や電力、情報など都市インフラが互いにバックアップする方向にいけば、空港も自然にそういう流れに進んでいくと思う。

街づくりは人づくり——「智の溶鉱炉誕生」物語

教育には「百年の計」が必要である。

教育によって、優れた産業技術を生み出す知恵や人材が生まれ、それがひいては国や都市の力を左右する。北九州市にその基盤をつくるために「北九州学術研究都市」（北九州市若松区ひびきの）構想が生まれた。

目指しているのは、「アジアの中核的な学術研究拠点」だ。そのためにも、先端科学技術の教育・研究を行う国・公・私立大学や企業の研究機関を一カ所に集積させ、施設も共用にした。

これによって、地域産業の頭脳となるべき知的基盤を整備し、新産業の創出や、地域産業の高度化を図ることが狙いだ。米国ピッツバーグ市の再生復活も、元はと言えば培ったモノづくりの技術力に、地元の教育機関・研究開発機能が結びついたことで成し遂げられた面が大きかった。良い先例である。

北九州市が、将来にわたって産業都市として栄えるためにも、この産学連携が絶対に必要だと考えた。

学術研究都市といえば、国レベルでは、茨城県つくば市の「筑波研究学園都市」や、大阪府、京都府、奈良県にまたがる「関西文化学術研究都市（けいはんな学研都市）」がつくられているが、地方レベルでは、こうした構想はあまり見られなかったし、これだけの規模のものをつくった例は他にない。

この構想は、一九八七年（昭和六十二年）に、中曽根康弘首相（当時）の下で策定された「第四次全国総合開発計画（四全総）」の中で「九州北部での新たな研究学園都市の建設についても検討を進める」と記述してもらったことから始めた。地域興しに、教育は欠かせないとの考えがあったからだ。

この学術研究都市づくりを北九州市は地域政策として取り組んできた。
北九州学術研究都市（学研都市）には、九州工業大学、早稲田大学、北九州市立大学、福岡大学のキャンパスがあるが、これらの大学の間で、施設だけでなく教育・研究の理念を共有している。

特徴的なのは、資金の出所が皆違うということ。例えば、北九州市立大学は、北九州市が国際環境工学部をつくり、早稲田大学も市が施設を支援した。九州工業大学は国が造ったものだし、福岡大学は、小規模ながら、産学の共同研究を最初から仕込んできた大学である。

この学研都市は、始めから、国・公・私立大学を集積して、産学の共同研究を行う、ということを前提にキャンパスが造られている。情報基盤や大規模会議場、留学生会館、体育館、グラウンド、図書館など共用する部分は市が準備し、あとは、個別の教育・研究に必要なものだけをそれぞれの大学が造ってください、という方式だ。

また、学研都市のプロモート役として「北九州産業学術推進機構」（ＦＡＩＳ）を設立し、企業と大学の連携を促進する仕組みもつくった。

アジアの中核的学術研究拠点をめざす「北九州学術研究都市」

これは、元東京大学総長で参議院議員も務めた有馬朗人さんの構想が基となっている。

一九九六年（平成八年）に、北九州新大学構想検討委員会を発足させた時に、有馬さんに委員長を務めていただいた。「理念と信念のある人をリーダーにする」ことが成功のカギになると考えていたためである。

この学研都市の姿、いわゆる「有馬構想」は、「国・公・私立の大学が一緒に力を合わせ、研究所とワンセットにするような仕組みをつくる」ことを目指したものである。有馬さんは計画段階から構想に参画していただいた、まさに「生みの親」であり、北九州産業学術推進機構理事長として、キャンパスの運営にもご尽力いただいたから「育ての親」でもある。

有馬さんは起工式で「過去、文部大臣が大学の完成時に招かれ出席したことはあっても、これから大学をつくるという時に招かれ出席したのは初めてです」と、学研都市への思い入れの程を語っていただいた。

早稲田大学の進出もトップセールスの成果だ。「早稲田」が進出することで、学研都市の知名度はさらに向上する。また、早稲田進出で、地元関係者の態度も変わった。

これには、奥島孝康早稲田大学総長（当時）の協力が大きかった。トップ会談で、話がどんどん進んだ。学研都市の構想は、奥島さんが考える大学構想にも叶うものだった。早稲田はアジアに向けて発信することを目指しており、アジアを視野に入れた学研都市の構想と非常にマッチしたわけだ。

学術研究都市構想の検討段階で新聞の知るところとなり、住民に対する説明より前に紙面に出たことがあった。地権者の抗議と反対の声が出るのはむしろ当然であり、この構想実現のために、前面に出て対応した。こうした大きな計画は、最初にボタンを掛け違えると、全てが駄目になってしまう。地権者に対する第一回の現地説明会にも出席して「土地の半分売ってくれませんか。市はその半分の土地の地主となり、一緒に区画整理で街づくりをしていきましょう」と呼びかけた。「学術研究都市の構想は北九州の発展に絶対に必要」「明治専門学校開設と同じ意義がある」「北九州市の中で広く発展可能な土地はこの地」などと訴え、協力を求めた。反対していた住民、不安を抱いていた地権者も次第に感情を和らげ、最後は協力してくれるようになった。

大勢の前でトップが明確な意思を示すことは、住民の皆さんに安心感を与えると同時に、市の強い決意を知らせる意味でも大きかった。

思えば、大人数相手の交渉では、普段以上の力が出たような気がする。それには後述するように、若い頃に下筌《しもうけ》ダムで、最初のボタンの掛け違いを防ぐことの重要性を学んだこと、度々大勢を相手に交渉をした経験が役立ったように思う。

また、職員も「頭脳を蓄積する画期的な仕事」だと一致して協力してくれた。誠意をもって対応したことで、住民の皆さんも心を開いてくれた。第一期工事は殆んど完了し、続いて第二期、第三期へと期待が広まっている。

今後、北九州市では、情報（ＩＴ）関連、自動車関連、ロボット関連産業などの発展が見込まれるが、それを支える人材を育てると同時に、続々と北九州に拠点を設ける企業の研究拠点として、この学研都市の重要性はますます高まるだろう。

この計画のお陰で、周辺に進出したいという企業が増えてきた。今、四つの産学連携施設にはベンチャーを含め四十社に近い会社が既に入居している。

今のＩＴや液晶、半導体などのハイテク分野は、やはり、人材が必要なのだ。これが今、足りないくらいの状況になっている。そのために産・官・学がどう連携して取り組むか、ということがますます重要になっているのだ。

全国の様々な研究都市の中でも、最も具体的な形として実際に動いている例だと自負している。

北九州市の「米百俵」

ここで、北九州市が教育を重視し、産学連携を行ってきた歴史を持つ街であることをご理解頂けるエピソードを紹介したい。

小泉純一郎・元首相が所信表明演説の中で引用した「米百俵」のエピソードをご存じの方は多いと思う。幕末から明治初期の長岡藩士・小林虎三郎が、窮乏する長岡藩に、支藩から送られた百俵の米をすぐに食べてしまうのではなく、「百俵の米も、食えばたちまちなくなるが、教育にあてれば明日の一万、百万俵となる」と教育の重要性を説き、学校の設立に充てたというものである。

北九州市にも、この「米百俵」にも匹敵する話がある。それは、九州工業大学の設立にまつわる話だ。

同大学の前身は明治専門学校。創始者の安川敬一郎翁（一八四九～一九三四）は、九州で明治鉱業をはじめ、安川電機、九州製鋼、明治紡績、黒崎窯業などを次々と創業、「安川財閥」を築き上げた。

当時の日本の基幹産業は石炭。その中で明治鉱業は九州、北海道で炭鉱開発を行い、一八九四年（明治二十七年）に勃発した日清戦争時に、石炭で巨大な利益を上げた。ちなみに現在、産業用ロボットで世界をリードする安川電機は一九一五年（大正四年）、明治鉱山の炭鉱開発用の電機製品を製造する会社として誕生したものだ。

石炭で利益を上げた敬一郎翁は「この天恵は、故郷、日本のために役立てなければ」と決意する。

また、次男の松本健次郎翁（一八七〇～一九六三）は、アメリカのペンシルバニア大学に留学し、アメリカの技術に触れ、そのレベルの高さに驚いたという。

そこで、一九〇九年（明治四十二年）、敬一郎翁と健次郎翁はともに、四年制の「明治専門学校」を鉱山技術者養成のための学校として設立した。

学科は、採炭、冶金、機械の三学科。総長には、東京、京都、九州の各帝国大学で総長を務めた山川健次郎翁（一八五四～一九三一）が就いた。

山川翁も、アメリカのレベルの高さに驚いた一人。例えば、船でアメリカに渡っている途中に「明日、日本に向けて船が出るから、手紙を出すなら書きなさい」と言われたそうだが、「この海の上でどうやって送るのだろう？」と疑問に思った。しかし翌日、予定通り、郵便物を輸送するための船が到着して郵便物を受け取っていく光景を目の当たりにして、「技術立国をしないと欧米に勝てない、日本に学問、技術が必要だ」という思いに駆られた。

設立時の資金は、当時のお金で約３３０万円。今の単位に換算すると、約６００

億円というところだろうか。この資金は、安川家の私費。さらには、八万坪の土地を提供してのスタートだ。そのため周囲が「学校の名前は安川学園にしてはどうか」と薦めたが、それを頑なに断ったという。

また、早稲田大学の創始者・大隈重信翁は、学校設立の相談に行った敬一郎翁に対して、「理工系の学校はお金がかかるから止めておきなさい」と忠告したという。しかし、その忠告を振り切って、学校創設に踏み切ったという経緯がある。

その明治専門学校が、今の九州工業大学になった。この明治専門学校、九州工業大学がなければ、この百年の北九州の工業を支える人材は育たなかったのではないか。つまり、今の北九州があるのは、技術とともに知的基盤があったからなのだ。

その意味で、教育に600億円もの私財を注ぎ込んで、自らの名前を残さず、日本の教育を考えたという、この気迫に心震えるものがあった。わたしが学研都市に取り組んだ基本には、この歴史が常に頭にあった。

国際東アジア研究センター（ＩＣＳＥＡＤ、北九州市小倉北区）を設立するための折衝でアメリカに行った時、ペンシルバニア大学名誉学長のマーチン・マイヤソン氏にお会いしたが、「ケンジロウ・マツモトという日本人はペンシルバニア大学を出ている」と、マイヤソン氏の方から言われたほどだ。

また、学研都市は二〇〇一年（平成十三年）に設立したが、ちょうど百年前の一九〇一年（明治三十四年）に、官営八幡製鉄所の高炉に火入れが行われた。

二十世紀の、日本の工業を牽引してきた八幡製鉄所のスタートが一九〇一年だとすると、二〇〇一年には、学研都市のスタートという「知恵の溶鉱炉」に火が入ったという思いがした。

この明治専門学校の安川敬一郎、松本健次郎両創始者の郷土愛は、当初学研都市設置に懐疑的な目を向けていた人たち、反対をしていた人たちに向けて、特にお話してきた。講演会などでも一回二時間のうち、半分を割くことがあったほどである。なぜ、学問が、知恵が北九州に必要なのかをわかって欲しい――その一念だった。

近年、「志」や「武士道」といった精神論の言葉を目にする機会が増えてきた。これは単純な懐古主義、復古主義ではないとわたしは思っている。頭脳のあるところに工業、新事業が興るからである。それを念頭に置いて、着実に準備を進めてきた。

北九州オリジナル「エコタウン」

続いて、「四大プロジェクト」に次ぐ「第五のプロジェクト」ともいうべき「北九州エコタウン」の事例を紹介したい。

一九〇一年（明治三十四年）二月、官営八幡製鉄所が操業を開始した。それが呼び水となって、「北九州工業地帯」が形成され、一九六〇年代の高度経済成長期に、工業化に向けて直進する日本の発展に貢献してきた。

かつて、その工場の煙は、「七色の煙」と呼ばれ、日本の繁栄の象徴だった。その反面、先ほど北九州は公害に悩まされてきたと書いた。ある日、戸畑区の主婦たちが公害問題を何とかしなければいけない、と立ち上がった。その時の合言葉は「青空が欲しい」。

当時は、現在のような公害対策や法整備がなく、光化学スモッグで気管支喘息などを発症する人が後を絶たなかった。特に当時、北西部に位置する洞海湾《どうかい》は工場廃水による深刻な水質汚染に直面。船舶のスクリューが溶けて海に流れ出し、「大腸菌すら生息できない」といわれた。まさに「死の海」だったのである。

しかし、一九七〇年代以降、鉄鋼業が衰退し、その後、北九州市の環境改善策が本格化していく中で、一九九六年（平成八年）、響灘開発基本計画で「エコタウン」の基となる「大規模静脈産業」の創設を北九州市独自の計画として打ち出した。翌一九九七年（平成九年）には、これが、国のエコタウン構想に連なってゆき、旧通産省も北九州市の具体的提案に期待を寄せていた。

北九州市は、環境・リサイクル産業の振興を柱とする「北九州エコタウンプラン」を策定し、国の第一号承認を受けて市全域において具体的な事業に着手している。事業の推進にあたっては、産・学・官で構成する「北九州市環境産業推進会議」で基本的な取り組みの方向を定め、環境と産業振興を統合した独自の地域政策を展開している。

企業が立地する際に、国、県、市の許認可が必要になる。市だけでも、「エコタウン」に関わる部局は環境、建設、建築都市、水道、産業振興と、複数にまたがってしまう。これらの窓口を回って歩くだけで、企業の担当者には大きな負担である。

そこで「環境産業政策室」に窓口を一本化した。ここが他部門と調整して早期に処理したことで、企業からの信頼につながった。企業からは「何より行政サービス」とか「行政サービスがあるから立地を決めた」と有難い言葉をいただいた。

基盤整備は新日本製鐵の手で行われた。市が基盤整備をすると、予算などの議会承認で時間がかかる。それが新日鐵の参画によって、短期間で整備することができた。同時に、新日鐵が参画していることで、他の企業進出にも弾みがつき、新日鐵自身が「西日本ペットボトルリサイクル」など、環境産業に乗り出すきっかけともなった。

一方で、市は、公共インフラを担当した。臨港道路や外周道路は運輸省（現国土交通省）、下水道は建設省（同）の補助を取り付けた。

また、リサイクルするペットボトルの集荷にも市が協力した。当初採算ベースに乗るだけのペットボトルが集荷できるかが課題だった。民間企業が依頼するだけではなかなか集まらなかったため、市の職員も同行して「要請行脚」を行った。それによって、処理能力に見合うだけの量を確保することができた。

この「エコタウン」は「教育・基礎研究」「技術・実証研究」「事業化」の三点セ

ット方式と呼ばれる「環境産業振興戦略」である。

このプロジェクトは、北九州のオリジナルで他に例がないものだ。公害を克服した経験を生かし、あらゆる廃棄物を他の産業分野の原料として活用し、廃棄物をゼロにする「ゼロ・エミッション」を目指し、資源循環型社会の構築を図ることが目的だ。さらには、そこで得た技術を基にして、新しい産業を興していこうという狙いもある。

そして、廃棄物に関する「三つの不」を払拭したものと評される。それは、廃棄物そのものに対する「不安」と、行政及び業者に対する「不信」、自分たちの近くに捨てられたくないという「不快」の三つである。

こうした問題解決の基本は、あらゆるものを隠さない情報公開であった。エコタウンに来れば、廃棄物の処理、リサイクルの方法を実際に見ることができ、環境ミュージアムに行けば、環境教育について知ることもできる。さらには、例えば新日本製鐵に行けば、公害防止のために企業がいかに取り組んでいるかを見ることができる。環境に関する全てのことが、ここで見ることができるのだ。

加えて、この技術を海外に向けて発信している。北九州市は、環境面での国際協力に関しては、アジアの各都市を中心に、現時点までで二十年以上の実績を持っている。

日本は一九六〇年代の高度経済成長期以降、工業化の進展とともに、公害問題に直面し、この克服に力を注いできた。

そして今、中国を始めとするアジア各国は経済成長の最中にあり、かつての日本が経験したような環境・公害の問題に彼らも直面しているのだ。

すでに、その厳しさを経験し、克服している日本としては、それらの国々に「同じ轍を踏ませない」ことは大きな役目だと思う。CO_2など温暖化効果ガスを削減することの重要性をアジアの国々も理解し始めている時期だけに尚更である。

この「エコタウン」を通じて、北九州市が描くビジョンは「世界の環境首都」である。それは、優れた環境をみんなでつくり、世界に貢献する都市になるということだ。

そのビジョンをさらに明確にするために、ピッツバーグに学んだ先例があるように、世界で「環境首都」を目指す都市を視察した。

その一つ、ドイツのフライブルク市は、ドイツの「環境首都」としての取り組みを始め、世界的にも知られている。また、イタリアのフィレンツェは、「人」を中心として、街の歴史を大事に守りながら街づくりを進めていた。

例えば、フライブルクでは、市民からの出資を募って、太陽光発電パネルを設置、売電の収益から維持管理費を除いて、出資者に還元するという手法で、市民自らの力で実現するだけでなく、ビジネスとして成り立たせているのだ。ただ単に、環境に良いことをするだけでなく、環境に取り組むことは、経済社会に密接に結びついていること、市民の目に見える形で進められ、快適性を享受できる枠組みが出来上がっていた。

その環境意識の高まりで、市民の間で環境に関する情報を発信・共有することに成功していた。その拠点として、一九八六年（昭和六十一年）にドイツ環境自然保護連盟（ＢＵＮＤ）が、市や州から補助金を得て「エコステーション」を設置した。

このエコステーションでは、四百に上る多彩な環境教育プログラムが用意、実施されていて、年間で約二百の学校が訪れ、実体験などを通じて、自然環境を守ることの重要性について学んでいた。ここではＮＰＯ（特定非営利法人）が大きな役割を果たしていた。

しかも、何より重要なのは、単なる環境保全ではなく、その行動が「お金」になり、人々の「得」になるということを強く訴えていたことだった。

そうした活動を支える行政の役割も大きかった。環境に配慮した太陽光、風力、水力などの発電事業、騒音が少なくCO_2の削減につながる交通機関、LRT（Light Rail Transit）など、行政がリーダーシップをとって進めていた。

まさに官民一体となって、「環境首都」になるための具体的な行動を起こしていた。

イタリアのフィレンツェは、「ルネッサンス」発祥の地。芸術的に価値の高い建造物が多く、これらをどのように次代に引き継いでいくかについて、非常にこだわりをもって取り組んでいた。今の言葉で言えば「景観行政」だ。

CO_2の排出を減らすために、自動車の交通量を減らして公共交通機関の利用を促したり、フライブルクと同様に「LRT」を活用するなど、「歩いて行ける都市づくり」を推進していた。

こうした〝先達〟が行ってきた街づくりの手法も大いに参考になった。それと同時に、この視察で、参加した市民が口々に「環境首都は遠くない！」と実感することができたのは、大きな収穫だった。

今では、公害の恐ろしさを実感し始めた世界の各都市が、続々と北九州のエコタウンに学ぼうと訪れて勉強するまでになった。その意味ですでに、「環境首都」の役割を果たしている。

市民が立ち上がり、市、企業が動いて、みんなの力で築き上げてきた、この「エコタウン」。これをさらに発展させて、世界をリードする存在に高めていくこと。それが、北九州市の今後にとってますます重要になっている。

そこでした苦労が、やがては現在、未来の世代の人々に「真の豊かさ」にあふれる暮らしをしていくための礎となると信じている。

官民一体「門司港レトロ」

前に、街づくりには長期的視点と短期的視点が必要だと書いた。長期的視点については、これまで書いてきた通りだが、次に短期的視点で行ってきたことについ

観光客でにぎわう「門司港レトロ」の核、ＪＲ門司港駅（国の重要文化財）

て、少しだけ触れてみたい。

短期的視点、つまり「対症療法」は、即効性のあるものが望まれる。それには、今ある資産を活用することが一番だ。そこに「カンフル剤」を打つ。

代表的なものとして挙げるのは「門司港レトロ」だ。

門司港はかつて、明治、大正期に国際貿易港として栄えた。今の北九州市が武器としようとしているように、中国大陸、朝鮮半島と近いという地の利が、その繁栄を支えた。そのため、門司港周辺には、大阪商船（現商船三井）や三井物産、銀行などが進出、まさに貿易拠点として賑わっていた。

例えば、「バナナの叩き売り」をご存じの方は多いと思うが、台湾からの輸入バナナの中で傷んだものを安売りした門司港が、その発祥の地なのである。

しかし、その後関門トンネルや関門橋など、本州と九州は港なしに結ばれる時代を迎える。そのため、門司港の港としての機能は低下、その役割を終える。

ただ、現代の目で門司を眺めてみると、そのままにしておくには惜しい魅力があることに気付いた。大正期に栄えた門司港は、周辺の建物にその当時の面影を色濃く残していた。その積み重ねてきた「歴史」が、観光資源になると考えたのだ。JR門司港駅は、一九一四年（大正三年）に建てられた九州で有数の古い木造の駅舎で、駅としては全国で唯一、国の重要文化財に指定されている。

「門司港レトロ」とは、門司港周辺に残る、古きよき街並みを活かして、観光資源として活用するプロジェクトだ。門司港駅のほか、旧門司三井倶楽部や旧商船三井ビルなどが、当時の姿を残しているが、これを観光スポットとして、時代に合う形で活用している。

旧門司三井倶楽部は、三井から譲渡を受けた当時の所有者、門司鉄道管理局が処分を検討していただけに、貴重な文化遺産が失われるところだった。この建物は、アインシュタイン博士が夫妻で日本を訪問した時に、非常に良い印象を持ったという場所だ。

もともと門司の山の手に建っていたものを一九九四年（平成六年）に門司駅前に移築した。当初は法律の関係もあって移築が難しいといわれていたが、重要文化財として指定されたことで可能になり、まさに「門司港レトロ」の核として、存在感を高めていくことになる。

他にも旧九州鉄道本社を再利用した「九州鉄道記念館」や関門海峡を望むミュージアムである「海峡ドラマシップ」、倉庫を再利用した「出光美術館」などがある。この「門司港レトロ」は、既存施設の活用で、コストをかけず、時間をかけずに最大限の効果を上げるべく進めたプロジェクトである。

整備にあたっては、今ある資産を活用して、街に元気を取り戻すために、行政が率先して動いた。その後、民間が刺激されるように動きを見せて、まさに「官民一体」となって展開していった事業である。その意味で、行政と民間の関係を考える上で、日本国内でも非常に新しいケースとなる事業だったと思う。

一九九五年（平成七年）の整備以降、「門司港レトロ」には観光客がこぞって押し寄せた。年間に二百万人を超える観光客を記録している。北九州市の新たな観光スポットとなった。観光に加えて、映画やドラマの舞台にもなっている。

その後も安定的に観光客数を確保してきたが、近年はやや頭打ちの傾向にある。今後は、例えばご高齢の方の利便を考えて、移動のためのインフラを整備するなど、利便性の向上も含め、観光地としての魅力を高める、さらなる努力が必要になるだろう。

〝止血〟は早く

ここまで前向きな話を紹介してきたが、当然のことながら、市政を進める上での失敗もあった。

小倉駅北口に「アジア太平洋インポートマート」（ＡＩＭ）という建造物がある。この場所は、アジアの結節点たる地の利を活かした「輸入促進」の拠点としてスタートするはずだった。北九州市にとっても小倉駅という中心市街地のコアとなる場所として期待していた。

しかし、結論から言えば、一九九八年（平成十年）に開業した時には、八七％が空いたままの状態だった。なぜ、このようなことが起きたか。

一つは、社会状況の変化だ。かつて、一九八〇年代には日本が海外に向けて輸出を拡大、それが日米貿易摩擦に代表されるような多くの摩擦を生んだ。鉄鋼、自動車、半導体、電気製品、日本の主力産業がその対象となった。

その結果「輸入促進、内需拡大」が叫ばれるようになった。一九九二年（平成四年）には「輸入の促進および対内投資事業の円滑化に関する臨時措置法」（ＦＡＺ法）も成立し、対日投資のための機運は整ったかに見えた。

しかし、その後、社会状況は逆の方向に動き出す。バブルの崩壊により再び、輸出促進の機運が高まったのだ。同時に卸売業を中心とした日本の流通業界の構造が大きく変化していった。

ＡＩＭの核テナントには、かつて世界規模の小売企業として発展した「ヤオハン」が予定されていた。しかし、ＡＩＭ開業前年の一九九七年（平成九年）に、グループ傘下の主要会社ヤオハン・ジャパンが１６１３億円の負債を抱えて倒産した。アメリカの会員制倉庫型卸売店、コストコ（Costco、Costco Wholesale Corporation）とも出店交渉を行ったが、不調に終わった。ＡＩＭは開業前に核テナントを失ってしまったのだ。

この損失について、ヤオハンと話し合おうにも、破産手続きの最中にあった。その間、小倉駅前という立地の建物をそのままにしておくわけにはいかない。そこで、果たして何年かかるかがわからない訴訟の途は選ばず、やむなく債権放棄を選択した。

そして、市としてまず公的な施設を入居させることで、何とかスタートを迎えることができた。三階から五階の機能を「卸しに加え、輸入品を中心とした小売り機能を導入する」とした事業の見直しも行った。

この考えに沿って、運営会社である北九州輸入促進センターは、四階、五階に一九九八年（平成十年）八月、大塚家具を誘致、入居が決定した。これによって入居率は六四％までに回復。その後もテナント誘致に全力を挙げてきたが「公費を使うのはけしからん、高すぎる」として訴訟も起こされたりもした。

しかし、訴訟は勝訴し、今では「子育てふれあい交流プラザ」や企業のオフィ

立地の良さににぎわうＡＩＭビルの「子育てふれあい交流プラザ」。全国から視察が後を絶たない

ス、ショールーム、地元企業の国際ビジネスを支援する「北九州貿易・投資ワンストップサービスセンター」（ＫＴＩセンター）、次世代ＩＴ関連技術の研究施設や、情報技術を活用し新事業に挑戦する起業家を支援する公共インキュベーション施設などが開設されており、連日多くの人が訪れる場所になった。

おかげで、単年度黒字に転じ、累積赤字もあと数年で解消できる見通しで、再建の目処はついた。

思えば、市長として「これは失敗した」と思う経験をしたのは、この件を始めとして、いわゆるサービス業のビジネスマンとの折衝においてだった。

伝統的に、北九州市でお付き合いしてきたのは、主に製造業の方々が中心だったが、彼らの考え方は、設備投資の時に「いくら投資して、何年かかって償却する」というもの。どちらかといえば、官僚の発想と仕事の進め方に似ている。

反省すれば、わたしが出会ったサービス業のビジネスマンたちは、仕事のやり方が今まで出会った方々と違うことに気づくべきだった。

もう一つ。わたしは海外企業の誘致を積極的に行ってきたが、その交渉の時には、例えばアメリカの企業とだったら、日本の弁護士とアメリカの弁護士を付け、秘密協定を結ぶなど、慎重に慎重に進めてきた。

しかし、日本人の社長と交渉する時には、そこまで慎重に進めていなかった。これは失敗だった。日本語がわかるだけに、「大丈夫だろう」と思ってしまったのだ。しかも、当初のわたしの交渉のやり方は、日本的な「阿吽《あうん》の呼吸」だった。つまり、経営トップと話がつけば、それで全体が動き出すという考え方だ。ところがそうではなかったことをこれらの失敗で知った。以降、同様の失敗をしなくなった。

この経験は、創ること、中止すること、再建することを全て行ったことで、わたくしにとっても得難い、貴重なものだった。

また、北九州市八幡西区黒崎の再開発ビル「コムシティ」は、黒崎副都心の中心的プロジェクトと位置づけていたが、採算が合わないことがわかった。そこで、開業してわずか一年半で破産手続きに入った。

もちろん、批判も浴びたが、これ以上放置しておけば、傷口が拡大してしまうという見通しによるものだ。ならば〝止血〟は早い方がいい。

この他にも、後に負債を大きくする可能性があるものには、早めに手を打った。外郭団体の統合や解散はもちろん、門司競輪の廃止、小倉競輪の民間委託、市立戸畑病院の廃止と民間医療法人への委譲、屋根つき競輪場の運営会社「メディアドーム北九州」の解散や都市モノレール（北九州高速鉄道）の減資等である。特に、三十年後には赤字が５０００億円にも達すると予測された北九州都市高速道路については、黒字であった旧日本道路公団が所有する北九州道路と一本化することで、単年度黒字を出すまでになった。

これらの中には「末吉市長が始めたことではないか」と非難を受けるものもあったが、わたしが始めたことかどうかではなく、将来、禍根となるかどうかが問題であると思い、思い切った手を打ってきた。このことが今日、実質公債比率が政令指定都市中で最も低い（平成十七年度決算）ことにも繫がっていると考える。

これらの事例で意識したのは、まさに企業経営にもつながる点だと思うが、失敗したとわかった時に、処理に着手するためのスピード、そして再建するために行う経営合理化の重要性だった。

いわゆる「第三セクター」をつくった時の運営思想にも反省はあった。

一般企業なら、「債務超過」にでもなったら大変だ。倒産すれば、自分自身だけでなく、会社を支えてくれた従業員や取引先など多方面に迷惑がかかる。

一方、第三セクターは、債務超過になっても「その時は市が助けてくれる」という甘えがあった。経営者として行った人たちも「経営」という視点を持っておらず、「倒産するかもしれない」という前提、危機感を持って取り組んでいなかったのだ。これは、後述する「国が何とかしてくれる」という考えが抜けきらなかった地方行政の反省点にも繫がる話である。

今こそ「真の民活」を！

こうした反省を踏まえ、わたしが訴えたいのは、今こそ「真の民活」が必要だということである。

かつて、一九八六年（昭和六十一年）に組閣された第三次中曽根内閣の時期に、「民間活力の導入」が言われた。同年には「民活法」（民間事業者の能力の活用による特定施設の整備の促進に関する臨時措置法）も制定され、生まれた事業体が「第三セクター」である。

国や地方公共団体と、民間企業が共同出資で設立し、合同で運営する。この企業は地域振興などを目的に各地に設立された。

この時には、「バスに乗り遅れるな」「他の自治体に遅れをとるな」とばかりに競って設立したが、結果的に、本来不要と思われるものや天下り先にしか過ぎないものなどが誕生してしまった例が後を絶たなかった。

特に「企業」であるにも関わらず、「経営」という視点がなかったことは致命的だった。その意識がなかったことで、甘えを生み、赤字を生み、いわゆるバブル経済期の「負の遺産」となってしまった。膨大な債務を抱え、破綻してしまった第三セクターが続出したため、覚えておられる方も多いだろう。

「今こそ民活を」は、当時のような第三セクターをどんどんつくれ、ということではない。

「経営なき民活」ではなく「経営をしっかりした民活」を行えば、できる事業はたくさんあるのではないか、ということである。

今後の「民活」は民間主導で行う。その中に公共事業的なものが入るにしても、いかに公共投資を少なくして事業を行うかという点を競わせるような仕組みをつくることが必要になるだろう。

問われるのは、「経営能力」だ。民間主導ということは、経営トップには民間の人になってもらうのがいい。どこかの官庁のＯＢが社長に就任するというスタイルでは、国の金をあてにした組織になってしまう。

今、世界にはお金が山ほどある。公共投資は減っている。あと必要なのは、やはり規制緩和だろう。

一方で、公共の仕事を行う場合には「公心」を失わないことも大事な要素だ。そのための監視体制、チェックの仕組みをつくることも必要になる。

企業にも、ＰＤＣＡサイクルがあるが、プラン（計画）、ドゥ（実行）、チェック（評価）、アクション（改善）の中の、チェックの部分に人材を投入すればいい。それがあれば、無用なリスクを冒すこともないだろうし、もう一つ、経営者が責任を取る形をしっかりつくればいい。

空港をつくる場合でも、「どうやったら一番安くつくることができるか」ということを「民活」でやれば、いろいろな知恵が出てくるだろう。

例えば中国には今、お金がある。しかし当然、ない時代もあった。その時にどうやってインフラを整備したかと言えば、日本など外資に許可を出し、あらゆる利権を一時的に手渡して外国のお金、外国の技術でインフラを整備したのである。思い切って、日本もそれくらい自由にしてもいいのではないか。

その意味では、今こそ、民間人、そして学者の出番だと思う。手法は特区なども含め、いくらでもある。必要なのは「人」とその「知恵」だ。チャレンジすれば知恵が出る。経営者には三十代、四十代の若い人を据えることも必要だろう。

プロジェクトには、必ず成功の「カギ」がある。まずその「カギ」を見つけ、手に入れることが重要である。

また、プロジェクトを成功させるために、計画策定段階でコンセプトを明確化してきた。コンセプトがしっかりしていれば、計画もぶれない。関係者も共通認識を持つことができる。

そして、計画がしっかりしていれば、資金も集まってくる。国（霞が関）は、実は良いアイデア（計画）を待っているのだ。民間も同じだと思うが、良い事業には銀行がお金を出してくれるものだ。

最も大事なのは「創意」と「熱意」だ。トップも、職員も熱意を持って、ねばり強く取り組むことでしか、人の心を動かすことはできない。

第四章

わたしの原点――「現場に学ぶ」

終戦時に残った「公」への使命感

「どんな制度も変わりうる」——これがわたしの原点である。

ここまで、わたしの地方行政に関する考え方を書いてきたが、そうした考え方、思想には育ってきた環境やこれまでの経験が影響しているのではないかと思う。それをこの章では紹介したい。

わたしは、一九三四年（昭和九年）九月、兵庫県西宮市で生まれた。名前の「興一」の由来は、わたしが生まれる時に京阪神地区を襲った「室戸台風」による被害を受けて、周辺の人々がそこから立ち上がる、まさに「復興」をしていく時の「興」の字がついたものだと聞かされた。

本籍地は旧小倉市城野町。ちなみに幼稚園は小倉幼稚園。父の仕事の関係で、兵庫県から現北九州市、宗像市、さらには大分県竹田市に移り住んだ。

わたしの原点の一つは、一九四五年（昭和二十年）、小学校五年生の時に終戦を迎えたことにある。当時わたしは、大分県の竹田市の国民学校に在学していた。終戦時の年齢によって、その後に与える影響は大きく違うと思う。

戦後は、それ以前まで「金科玉条」であった教科書に墨を塗るという体験もしている。その時に強く感じたのは「これほどまでに社会は変わるのか」と同時に「変わらない制度はない」ということだった。

一方で、戦時教育を受けたおかげか、「公」に対する使命感というか「国のため」という意識が潜んでいる。逆に、だからこそ「公」にはしっかりして欲しいという気持ちは常にある。

親代わりで鍛えてくれた5歳違いの兄（左が筆者）

戦後、戦時教育への反発から「公」に対する反発心を持つ人もいたかと思うが、わたしは逆だったようだ。確かに、わたしより年齢が上の人の中には反発した人も多かったかもしれない。わたしは、学徒出陣や動員の経験をしていないこともあり、考え方が少し違うということもあるだろう。

しかし、とにかく「どんな制度でも変わり得る」のが当然だと思っている。世の中に絶対不変の制度はないのだと。

そういうことを、自分自身が実体験しているということである。戦後すぐ、墨を塗った教科書で学んだ人には、そうした感覚は理解してもらえるのではないかと思う。

その体験の上に、戦後教育で学んだことで強く印象に残っているのは、「みんなのために＝フォア・ザ・ピープル」という考え方だった。それに加えて、育てられた郷土に対してお返しする気持ち、わたしの原点にはそういうものがある気がしてならない。

市長に就任してから、判断に迷ったときや心を鎮めたくなったとき、何度かわたしは鹿児島県の知覧に行った。「知覧特攻平和会館」に行って特攻隊員たちの手記を見ると、天皇陛下に関するもの、母親に宛てたものの他に、近所の人に対するものが多い。国のため、故郷のためという祖国愛、郷土愛を感じることができるのである。

彼らの「後に続くを信ず」という思いに、自分は応えることができているかどうか……これは今でも自分に問い続けている。

わたしは生来、体が弱かった。軍国少年時代だから、体が弱い、力がないことは、子どもにとって相当のハンディであった。特に集団行動、勤労奉仕では冷たい視線を感じたことが幾度となくあった。

わたしは生死をさまよう大病を二度経験している。一度は幼い頃なので記憶はないが、二度目は終戦から一年ほど経った頃、盲腸炎にかかる。今でこそ、盲腸炎は簡単に治るが、終戦後で設備も薬もなかなか満足なものがない時代。我慢をしたせいもあって、おなかの中に膿が溜まり、手遅れに近い状態になってしまった。まさに生死の境を彷徨《さまよ》った。

幸いにも一命はとりとめたが、その後、体は成長しなかった。太るべき時に、必要な栄養が採れず太ることができなかった、という後悔はいつまでも残った。骨組みと血管さえ大きくしておけば、いつかは太ることができる。成長期にそれを確保しておかなければ、成長できる時に成長できない。

これは街づくりの長期計画を立てるにあたって、「骨組み」と「血管」を太くしておかねばならない、チャンスが来た時にヒットが打てるような体制にしておこうという発想につながった。チャンスは誰にでも平等に訪れる。ただし、チャンスをものにできるかどうかの差が問題になる。このことは街づくりだけでなく、自分の子どもに対しても、チャンスが来た時に好打することができるように、その準備をしておくことが大事と教えてきた。中学生までは、わたし自身がどんなに忙しくても勉強をみた。特に三人目の子どもには、市長になっても勉強に付き合った。

母から学んだ「前向き」人生

わたしが小学校入学前に、父親の事業の失敗により我が家の経済状態が極度に悪くなった。わたしも口減らしのために、茶碗と箸の持ち方を教え込まれ、お寺の修行に行かされた。もう忘れてしまったが、毎朝読経もしていた。

わたしは、男三人兄弟の真ん中だが、常に「これから自分たちはどうして行けばいいか」と、考えさせられた。ある時、五つ上の兄が「これからは、わが家の人間は独立しなければ、そのためには、勉強をして身を立てるしか手段はない」と言い張り、五歳年下のわたし、更に四歳年下の弟を父親に代わってビシビシと鍛えていった。わたしと弟は幼いながらも覚悟を決めてその途を選んだ。

我が家の家計は、母がパートや手内職で支えるのだが、母の気丈さ、潔さ、明るさに子ども心にも救われた。我が家の貧乏生活が五年程続いたためか、自立心、独立心が養われたのだと思う。兄弟三人ともに皆、大学は自活して卒業した。

兄弟それぞれ、人知れず苦労はしたが、生活を工夫する力、耐える力、我慢する力が生まれ、人情を知る機会になったと思う。

旺盛な向上心と気骨あふれた明治生まれの気丈な母（88歳の自書「ブチアタルまでわたしの道をゆこう」の掛軸の前で）

わたしは大学時代も働きづめだった。九州の自宅には一年に一、二度帰るくらいだった。その間は、ずっとアルバイトに励んだ。学費も生活費も家に頼るわけにはいかなかったからである。

肉体労働も考えたが身体は全

く強くはない。そこで、家庭教師を何件か、掛け持ちで受け持つことにした。一人に対して週二回行くと、普通なら二件が限度かと思うが、三件持ち、四件目は寝泊まりをさせてくれる家があり、四件を掛け持ちした。

家庭教師は「学校成績向上請負業」だと考えて、とにかく成績が出るようにと一生懸命につとめた。最初に教えたのは築地の料亭の子息だった。今まで全く勉強に力が入らないと言っていた子が、学級の試験で一番になった。先生からカンニングを疑われたほどの成長ぶりだった。もちろん、一番ということはカンニングのしようがないのはいうまでもない。

ちなみに、寝泊まりする家の子は、今で言えば「不登校」になっている男の子だった。自宅は普通に出るが、登校はしない。親には終始無言、親に言えないこともわたしにだけはいろいろ話をしてくれた。子供には相談相手の必要性とむずかしさを体験した。大学時代四年間の教え子は十六人に達した。

そうして稼いだ蓄えは、自分の学費、生活費に充てたが、ときには実家の母に送っていた。裕福に遊んでいる同学年の周りの人間に対する羨ましさもあったが、自分で自活していることへの誇りはあった。

ただ一つの後悔は、友人がほとんどできなかったことだ。とにかく働きづめで、サークル活動をはじめとして、学友との活動に参加したことが全くなかったからである。そのせいか、わたしはこれまで人と群れることがほとんどなかった。共同調査、共同研究、共同作業等、共同という名の活動をしたことがない。〝三つ子の魂百まで〟ではないが、貧乏生活を余儀なくされた〝育ち〟と戦前、戦後に〝集団〟を組むことの虚しさを感じたことからが、知らず知らずのうちに「群れない」性格を形成したのだろう。それが良かったかどうかは、まだ結論は出ていないが……。「何でも国に頼るのではなく、とにかく地方自治体が独自でできることから取り組もう」と考え行動したのは、この群れない気質によるところが大きいと思う。

〝貧乏〟が人を育てる一面は確かにあると思う。この貧乏生活は我が家に色んな副産物を産んだ。それは我慢と忍耐、負けじ魂と独立心を、特に一人になっても頑張る気持ちを植えつけたのは確かだろう。

わたしが母から学んだことは多かった。それは頭が下がるほどの向学心、勉強意欲だった。「過去を振り返るナ！　済んだことにクヨクヨするナ」と常に「体に気をつけて」「前に、前に」という姿勢だ。明治大学ラグビー部の故・北島忠治監督と全く同じだった。

わたしたち子供たちも巣立っていき、夫に死別して多少の余裕が出来たのか、六十歳台になって一日十キロは歩く仕事に就くかたわら、書道、俳句、俳画を学び、晩年には師範の域に達し、老人力の優等生となった。

八十八歳米寿の書展に〝ブチアタルまでわたしの道をゆこう！〟の掛け軸を出品し、この発想とエネルギーに兄弟一同唖然とした。晩年の口ぐせは、「時間が欲しい」と叫び続け、百二歳で死去するまで生涯現役であった。

こうした、母の努力を惜しまない向上心、積極的な生き方を見てきたことが、わたしの人格形成上も、また市長の任の遂行のためにも非常に大きかったと思う。

下筌ダムで学んだ「現場」主義

なぜ、役所を志望したか。一つは、当時の民間会社は就職の際に、身元調査、身上調査があると噂されていた。わたしの家は、破産しているというのは調べればすぐにわかる。夜逃げ同然のことをご丁寧に二度ほどしている。従って、民間企業に入ろうという意識は初めからなかった。

それで、残る就職の途は公務員試験と司法試験である。ところが司法試験は、大学の授業で夕刻の授業を取らなければいけなかった。わたしは夕方から家庭教師に行かなければならないから、その授業を受講できない。そうなると、公務員試験を受けるしかない。

東京での生活があまり好きではなかったので、地方に行くことができる官庁に入りたかった。確実に地方に赴任出来る当時自治庁という名称だった自治省（現総務省）を希望したが、建設省（現国土交通省）からの採用通知が先に来て、返事をしなければならなくなったため、建設省に決めた。

自分の一生の進むべき就職を、消去法的経過で決定したこと、更に国土建設の意気に燃えて入省したものでもないことで、内心忸怩たるものがあったが、そのときはとにかく最初の赴任地が母の住む九州であればと秘かに熱望していた。

当時まだ浪人中の弟をかかえて苦労していた母への援助になればとの思いがあった。こうして、大学を卒業したわたしは、一九五八年（昭和三十三年）、建設省に入省した。昭和三十三年という年は、終戦後の復興が軌道に乗り始めた年で、東京タワーの建設、一万円札の発行、インスタントラーメン発売、ミスタージャイアンツ長嶋選手の巨人入団等の年でもあった。

幸い、最初の赴任地が福岡市にある九州地方建設局に配属されたので、自宅から汽車通勤し、二年近く母と弟と同居した。

以来、わたしは二十八年間官僚生活を続けたが、その間、省庁間交流で自治省で地方の行政や財政も勉強させられるなど、結局、建設、自治、国土(現国土交通省)と三省を渡り歩き、地方も北は仙台市から南は宮崎市まで家族とともに勤務し、現場の生の地方行政を経験することができた。

振り返ってみると、わたしは若い頃に、現場体験の多い職場を経験してきたように思う。特に建設省の若手時代は、激動期の建設行政の渦中にいたので、他の人より現場業務に従事した。

ダム建設の補償担当課長や激しい労働運動の窓口担当などの経験を積み重ねてきた。そこでは「霞が関」の仕事と全く違う体験をした。

民間会社でいえば、本社の勤務ではなく、いわゆる「外廻り」の体験とでもいうものかもしれない。

「蜂の巣城の攻防」で知られた下筌ダムサイト

わたしの場合は、「先例第一号」や「異例人事」といったことが確かに多かった。しかし、いずれもいい経験だったと思っている。とりわけ若い時の経験は貴重な教訓をたくさん身につけることにつながった。

一九六〇年（昭和三十五年）は安保闘争、三池闘争、下筌ダム反対闘争と三つの歴史に残る事件の年である。わたしは「蜂の巣城」の攻防で有名な下筌ダム建設の現地にいた。

一九五三年（昭和二十八年）に、九州は大水害に見舞われ、多数の死者も出た。特に、筑後川流域の被害は大変なものだった。これをきっかけに、建設省は筑後川の上流にダムを造る計画を打ち出す。こうして、「筑後川総合開発事業」に基づいて、筑後川本川に松原ダム、支川の津江川に下筌ダムが建設されることになった。

しかし、住民に対し計画の内容やダム建設の必要性などが十分に情報公開されなかったことから、建設反対運動が起きた。住民は、建設予定地の側に砦を築き、そこで監視を行なった。「蜂の巣城」とは、近くの「蜂の巣」橋という名前に由来するが、当時ヒットしていた黒澤明監督作品『蜘蛛巣城』をもじった呼称であった。

わたしは用地課長として、土地の水没関係の買収補償対策を担当することになった。まだ入省三年目、当時としては前例のない異例の人事だった。

また、当時は、現在のように確立した補償基準もなく、水源地域対策特別措置法のような社会政策も勿論、環境アセスメントもなかった。

水没補償だけでも二県五町村にまたがり大変なのに加えて、地元要望は全部、用地課長であるわたしのところにくる。

「地域振興策は？」「市町村の行政事務の増加の補填は？」「ダム湖による気温低下の影響は？」「水没せず残される家の生活は？」など多種多様な要求があり、さばくのに苦労の連続だった。

現場の最前線にいて、現場と中央との関係でいえば、中央は現場のことがわからないことがよくある。意地悪く言えば、わかろうとしないこともある。

下筌の現場でも、中央の方針のあいまいさ、意思決定の遅さ、責任をとらない体制など現場と中央との板挟みの連続だった。特に連絡通信手段の貧弱さは耐えがたかった。霞が関への電話連絡は半日かかることはザラであった。そしてまた弱ったのは、中央の方針よりも交渉相手の主張の方が尤もな点があったことだった。

〝現場主義〟の原点になった下筌ダム時代
（後列左端が筆者、前列右端が妻ミヨ子）

例えば、水没家庭に生えている柿の木などの収穫樹

の補償は基準に「三年分」と明瞭に定められていた。住民からは、「昔から我が家に生えている柿の木になぜ三年分なんだ?」といわれ、交渉責任者として答えに窮した。

そうしたことから、現地事務所の責任で基準を新しく作って対応したら、中央の指示に従わない結果となることが多く、第二次世界大戦中に、独断で軍事行動をとった「関東軍」になぞらえて「下筌関東軍」とあだ名された。

わたしは補償の交渉相手には「合理的理由があれば考慮します」と方針を明確に示して交渉を進めることとしたので、不合理、不条理と思うところは「補償の基準」を修正し、正式の承認を前提にタイミングを失せず交渉を重ねていった。常に責任をとる覚悟で取り組んだ修正補償基準は、その後、松原・下筌方式として新しい補償基準の柱となったと後になって知らされた。安堵する一方で、当然だとの思いが交錯した。現場の実情に基づいた政策の力強さを感じ、その後の仕事への密かなる自信となった。

結局、反対運動は、一九五八年(昭和三十三年)から十三年間、一九七一年(昭和四十六年)まで続いた。そして、住民との和解を経て、一九七三年(昭和四十八年）、ようやくダムは完成する。

現在では、このダムは、洪水による被害を防ぎ、水害による死者ゼロを記録し、下流の福岡県内の水資源の効率的な運用に役立っている。特に福岡市は水不足が起こりやすいことから、ダムは大きな地域貢献を果たしている。

ちなみに、この下筌時代に、事務所の職員をしていた女性がわたしの妻となった。その意味でも、わたしの人生において非常に大きな位置を占めているのが、この下筌での経験なのである。

人との出逢いで教えられ、現場で鍛えられる

「郷土のため」と立候補した時の市長選パンフレット

前にも述べたが建設省の役人だったわたしが、政治家、市長になろうとは、当初夢にも思っていなかったし、なろうという気持ちも全くなかっ

た。

民間企業でも、社長（経営者）になる人は、社長を目標とし、準備してきた人もいれば、図らずもなった人もいる。

わたしは、後者にあたるだろうか。当時、国土庁の土地局長を務めていたわたしに、北九州市長選への出馬の打診が舞い込んできたのは、一九八五年（昭和六十年）のことだった。確かに父親の故郷でもあったし、幼い頃に少しだけ住んだ場所であり、本籍地でもある。

立候補のきっかけは？と問われれば、周囲のみんなに薦められたこと。それを断りきれなかったからだ。

特に、政党関係者から熱心に薦められたが、自分の想定していない進路だったので断り続けた。また、国土庁で局長に就任したばかりだったので、上司が断ってくれることを期待していた。ところが、わたしの知らないところで話はドンドン進み、ある日突然「末吉が出馬へ」と、マスコミ辞令が先行して流れが固まってしまった。

こんなことが……と正直思ったが、これもわたしの「運命」だと覚悟した。生来気持ちの切り替えは早い方だったので、「郷土のお役に立てるなら」と決意し、新しい未知の世界に挑むことにした。

選挙戦中、「官僚」出身であるということで「官僚の天下りだ」と批判されることもあった。しかし「職業で人を差別しないでください」と言って応戦、なんと言われようと意に介さなかった。当初の人物評には「建設省の三野武士の一人」というのもあった。「わたしが野武士？」と思ったが、褒め言葉ではと勝手にいい方に受け取った。

確かに、建設省はわたしの出身省庁ではあるし、公共事業を推進している仲間や後輩がいた。わたしを応援してくれる「応援団」でもあった。わたしも「市民のためになるなら、中央から予算をぶんどって来ます」と高らかに宣言し、かつ実行した。

結果、一九八七年（昭和六十二年）二月八日、わたしは北九州市長に当選した。その時に感じたのは、当選の嬉しさというよりは、これから待ち構える幾多の課題にどう取り組むか、という緊張感だった。

壁や難問は山ほどあったが、街の将来がかかっているときに「お前がこの街を駄目にした」と言われたくない一心で、とにかく一生懸命仕事をしてきた。「気力、智力、体力の続く限り、街の再生・浮揚に力を尽くす」と毎回の選挙ごとに訴え、それを実践してきたが、今となっては、よく体が続いたな、と思う。

要は、いい再生プランをつくり、身につけた智恵や技をフルに使って「私利私欲」なく取り組めれば、先が見えてくる。頑張って仕事をすれば道が開けてくると信じていた。これが、二十年間市政に携わった実感である。

都市再生の知恵の「源」——大山村に学ぶ

行政一筋に生きてきたわたしにとって、下筌ダムでの経験もそうだが、「人と人とのつながり」や「人との出逢い」で教えられることや学ぶことが多かった。

今まで影響を受けた人はたくさんいるが、特に強烈な人は何人かいる。若いときの影響はその受ける圧力も強いものがあった。

市長を務めるにあたって影響を受けた人は、まず第一に大分県旧大山村（現日田市）の村長だった矢幡治美《やはたはるみ》さんだ。

矢幡さんは、大分県の「一村一品運動」の元祖になった活動をされた方で、昭和三十五、六年の時代に農業の構造改革に真正面から取り組んだ。まだ米作転換など誰もが夢にも思わなかった頃である。

「ウメ、クリ植えてハワイに行こう」というスローガンを耳にしたことはないだろうか？　このスローガンを掲げ、「粗収入七桁農業」と具体的明瞭な目標を定め、人材育成を行い、「ウメクリ音頭」と歌までつくって、村民の気持ちを鼓舞し、「一村一品」の元祖となった仕掛け人である。今では山村振興は大山村に学べという言葉があるほど「農業」で村おこしをしたのである。粗収入七桁は１００万円である。当時わたしの年収が27万円の時代である。

今では、大山町は住民一人あたりのパスポート所持率が全国一なのだという。

まさに「農業の構造改革」に率先して取り組んだ方。この考えは、現在でも通じる立派な施策だと言える。

米作中心から、果樹中心の農業に転換するのには、時間と費用がかかる。村の財政力が弱いことから費用負担をダム関連の公共事業に着目して村づくりを進めた点は、当時、交渉の相手方だったわたしから見ても、それは見事なものだった。

具体的に言えば、ダム建設に異を唱える他町村を尻目に、条件付き賛成を打ち出し、国と協力関係を保ち、村づくりの全体計画を着々と軌道に乗せた。

まず、ダムの現地事務所の誘致、しかもその立地はダム竣工後の村での利用まで考えて決定した。これを手始めに、以降は道路の拡張整備、それに伴う小学校の改築や将来のウメクリ団地を貫通する道路の整備などである。特に迂回道路として作った道路をウメクリ団地の基幹道路としてしまうという大胆なやり方は、まさに矢幡さんの〃知恵〃だと思う。

さらに、トンネル土砂を活用しての宅地造成、広い村全体に拡がる有線放送網の整備などなど数えあげればキリのないくらいだ。しかもこれらの費用は、起業者つまり国の負担となる。

財政難の中での事業であるため、文化会館などの箱もの投資は一切中断し、代替として村民を近隣の日田市や福岡市の文化会館などまで運ぶ代替バスを運行させた。今流で言えばソフト政策の典型である。この知恵と工夫に加えて強力な交渉力で、ダム竣工後の村づくりを次々と実現していった。それが現在の「一村一品」を支える社会基盤となっている。

わたしの、北九州市の都市再生の知恵の「源」はここにある。知恵を絞っていい計画をつくり、トップのリーダーシップで行動すれば、財政力が弱くても計画は必ず実現する。どん底からの北九州再生プランの原点は若き時代に学んだ「大山村の成功例にあり！」だった。

大山村の村おこし運動は、その後の後継者の尽力によりエノキ茸、ナメコと品種を広げて発展していった。

市長に就任した後も職員を三回にわたって六年間大山町（当時）に派遣した。先端をゆく大山町の有線放送、ＣＡテレビの運用を勉強するためでもあった。「百万都市から大山町へ勉強に」とマスコミから評された。職員にもその体験をしてもらいたかったからである。矢幡さんは四期十六年の町長引退後は農協組合長を長く務められた。わたしが市長に就任して直ちに農業振興と地域おこしの先輩として勉強に訪ねたとき、何年振りの挨拶もそこそこにいきなり「末吉さん、これからの農業は週休三日ですよ」と笑顔で言われ、わたしはまだ一般に週休二日制も定着していないときであったから「驚かさないでくださいよ」と答えたが、それが最後の出会いであった。

夢の大きい遊び心も持ち、行政能力もあった傑物だった。

行政能力といえば、矢幡村長はダム補償は公平公正でなければならない、不公平があってはならないとの信念をもっていた。補償契約は国と個人の契約ではあるが、補償交渉に際し村の職員一人をダム対策委員に任命し、その者に個人交渉の「立会人」としての任務を命じた。

その任務は、補償の内容にはもちろん不介入で、文字通り「立ち会う」ことから、深夜に及ぶことも数えきれず。その間、黙って「立ち会う」苦労を約十年以上続けた担当の江田力（故人）ダム対策委員は誠実な人柄と忍耐で黙々とこの任務を全うし、何一つシコリを残さず、大山村関係のすべての補償を終了させ、村長の期待に応えた。

地権者からは感謝と賛辞が、また、国からもその働きには建設大臣から感謝状と金一封が贈られた。

公共事業の個人補償に「立会人」という形式で、五十年前に一種の情報公開の仕組みを取り入れて、公正公平を期した矢幡さんの着眼点と行政能力には生活の知恵以上の先見の明を感じる。これからの自治体の政策は、目に見えない、型で残らない「仕組み政策」を地域の実情に沿って作り出さなくてはならない。そのヒントになればと思って少し長いが紹介した。

矢幡さんの精神と功績が、確実に引き継がれて今に生き続けている例をさらに二つ紹介したい。

一つは、現在、農協は全国どこでも経営困難に陥り、経営改善のために、合併・統合を余儀なくされている。大分県内も統合が進められているなかで大山農協は、合併・統合することなく経営を継続しているという。典型的な中山間地であり耕地面積も極少の大山農協が健全経営できる礎は矢幡さんたち先人の遺産そのものである。

もう一つは、福岡県久留米市にある山口酒造場は、矢幡さんのお孫さんにあたる方が経営している会社だが、「庭のうぐいす」というお酒を発売している。そのラベルに書いてあるメッセージをここに全文紹介したい。

「大分県大山町　一村一品の生みの親　故矢幡治美の村おこしの原点は梅つくり。そして、その梅でじっくりつけた　極上の梅酒をつくることが治美の夢だった。その梅酒作りは孫である山口酒造十一代に引き継がれた。庭のうぐいす特選梅酒

『うぐいすとまり』は　一村一品の父とその孫との夢の結実である」

「地方自治の本旨」は自主決定

　さてわたしが大きな影響を受けた二人目は、直接仕えた黒木博・元宮崎県知事。この方は、「太陽と緑の国」のキャッチフレーズで、宮崎県を観光立県とする方針を立て、地方空港のジェット機化をはじめ巨人のキャンプ誘致や新婚旅行のメッカとなった成果をあげた方である。「景観」にも執念を燃やした方で、道路の沿道に「美化条例」をつくり、ススキやグランドパンパスを、街路樹にはワシントニアパームを植え、公の施設の竣工前に視察して、知事が植木、樹種まで直接指示し、宮崎の清潔な観光地のイメージを創っていった。

　この観光政策の中心となる観光課を商工部ではなく土木部に置いた。「土木部観光課」である。

　観光と土木は、一見、関係ないように見えるが、これは宮崎県の観光インフラや景観を早急に整備するための方策であったと思う。土木部には維持管理の予算がある。その予算を柔軟に、観光に振り向けることができるのが、この「土木部観光課」というアイデアなのである。こうした、既存の組織観念にとらわれない体制づくりは、トップの考え一つで簡単にできるんだと感動した。

　その意味で黒木さんには「地方自治の本旨」である自主決定をわたしに開眼させてくれた方だと言ってもいいかもしれない。

　黒木さんのお陰でホタル係の所属を環境局や教育委員会ではなく建設局に置くという発想に連なり、また、都市のたたずまいは、長期に亘って同じ目で見ることの重要性に気づかされた。従って、景観アドバイザーを終始同じ方々に、という方針にもつながった。

　久しぶりに北九州市を訪れる人々が、北九州市がきれいになったと感ずるその裏にはこんな苦心のかくし味がある。

　この二人の共通点は、御本人自身が猛烈に勉強されたこと。決して他人任せではないことだ。勉強量も生半可ではなかった。

　二つ目は、人材育成、同調者との協調に汗水を流したということだろうか。矢幡さんは、息子（矢幡欣治氏、後に大山町長を務める）を含む青年たちをイスラエルの集団農場キブツに派遣し、黒木さんは当時最先端の農業学修運動（ＳＡＰ）を推し進め、実行部隊、応援部隊との協力に力を入れた。特に地元のバス会社との協力は官民協力の見本だった。現在でも学ぶべき視点ではないだろうか。

一人の力

わたしが影響を受けた三人目はやはり、攻める側と守る側という立場の違いはあったが、松原・下筌ダム反対の代表だった室原知幸さんである。

室原さんのダム反対闘争は十三年にわたって続けられ、土地収用の手続きに従って、解決していった。この長い経過を経て双方がたどり着いた結論は、公共事業は「理に適《かな》い、法に適い、情に適う」ことで進めるという点であった。行政・政治にはその精神がなければいけないという室原さんの主張が取り入れられた。従前は「公共事業との名目で、ややもすれば一方的に進められてきた」開発行政への警鐘として時代を画する標語となった。

わたしは、交渉が全く途絶していた当初の三年弱の間交渉の当事者であったが、そのときの「面会謝絶」「大臣会見拒否」などの対応と最終結論とのかい離は大きいものがあり、数々の疑問は残る。しかし、今となっては、むしろ何故、どうして双方の交渉が断絶したのか。何故最初のボタンの掛け違いが起こったのか。もうそれは五十年以上も前のダムの予備調査時代のことでもあり、もはや歴史の問題となったのだろうか。

最近、当時を知る平均年齢八十歳を超える関係者が中心となって、歴史の参考になればと、それぞれの個人がオラルヒストリーの型で記録を残す動きが出ている。その中で登場する人物は、室原さんに関するものが圧倒的に多いという。そこでも室原さんは主役である。

わたしが室原さんから学んだことは三つある。一つは頑張る個人の力の大きさである。彼は国に対して専ら一人で戦い一歩も譲らない主張とその支えとなる勉強ぶりは凄かった。法律関係の書は勿論、河川工学、地質学、水理学等々万巻の書や技術関係書籍にも目を通すなど、深夜に至るまで部屋の電燈は灯っていたという。しかも高齢になっての勉学は目的があるとはいえ、敬服に価する。

わたしも勉強量に関して言えば、人並み以上と自認しているが、彼の勉強量に比べれば遠く足元にも及ばない。これに駆り立てた執念の凄まじさの淵源は何か。地域への愛情か、不条理への戦いか。

「公共」という名で臨む国の姿勢に対し、前掲の公共事業三原則を認めさせた肥後モッコス人一人の力の大きさである。

二つ目は、事業の着手に当たっての手順の前後というか、ボタンの掛け違いのないようにとの配慮である。わたしはこの下筌での教訓は、前述の北九州市の学術研究都市建設のスタートに生かされた。

三つ目は、「情に適う」とは、具体的に何かこれまで論ぜられたことの記憶はわたしにはない。現代のように殺伐とした世相になってみて、「室原さん、あなたのいう『情に適う』とは、なんでしたか」と尋ねてみたい。『情とは「武士の情（なさけ）」ですか?。同情ですか?。今の世相をそのとき予想してましたか?』などと奇しくも高校（旧制中）の先輩の室原さんに普通の大人の会話の中で聴いてみたかった。

「鳥の目」と「蟻の足」のバランス

最後にもう一人、影響を受けた人を挙げておきたい。というよりは、「反面教師」と言った方が近いかもしれない。その人とは、美濃部亮吉元東京都知事である。

美濃部さんが都知事に就任したのは、一九六七年（昭和四十二年）のこと。その頃のわたしは建設省の課長補佐として霞が関で道路行政の政策を担当することになったばかり。いわば一番政策に対して敏感になっている時期に、美濃部都政を目の当たりにしたのである。

美濃部都政は三期十二年続いた。一期目は、当時の佐藤栄作首相による政治に対する批判の意味で、「ストップ・ザ・サトウ」というスローガンを掲げて当選した。二期目の一九七一年（昭和四十六年）には、都民の圧倒的な支持を受け三百六十万票を超える得票数だった。当時の日本社会党（現社民党）を支持基盤として持った「革新知事」だったから、例えば老人医療無料化など「福祉」を前面に押し出した政策を展開した。また「一人の反対でもあれば、一本の橋といえども架けることはない」として、都民との対話を重視した。

こうした政策を展開した結果、何が起きたか。

福祉政策は、非常な高コスト行政を招き、東京都の赤字財政の原因となった。そして、対話を重視し過ぎた結果、東京都の道路整備は大幅に遅れ、結果として渋滞、それによる排気ガス公害を招いた。環状八号線が全線開通したのは、ほんの二年前だ。また、一九六〇年代から工事が始まって、二〇一五年に完成予定という東京外環自動車道などはその最たる例だろう。

当初は圧倒的な支持を受けた美濃部都政だったが、現在の目で見れば、「バラまき＝美濃部都政」とまで言われるようになってしまった。美濃部都政の〝ツケ〟が回って、東京都を財政難にまで追い込んでしまったのである。なぜか？

それは「福祉か、経済発展か」という対立軸にしてしまったからだと思っている。どちらかが大事なのではなく、どちらも大事だということだ。

福祉国家であるスウェーデンを訪問した際に、「福祉問題は財政問題だ」と言われた話はすでに書いた。さらに二番目に「経済発展と福祉のエンジンは双発でいかなければならない」とも言われたことが印象に残っていた。

美濃部都政に学んだことは、「福祉 vs 経済発展」「福祉 vs 公共投資」の二者択一の選択ではなく、両立をさせていくこと、「鳥の目」（俯瞰的視点）と「蟻の足」（地道な努力）を持ってバランスをとっていくことが、行政の長としての責任だということであった。全ての方向に目配りをした上で、優先度を決めて政策を決定し、それを着実に実行していく。その能力が行政の長には求められているのだ。

そのことが政策決定者の目で、改めて美濃部都政を顧みて、強く感じたことだった。

「メモを取るだけならいなくてよい」

矢幡さん、黒木さん、室原さんに触発されたという訳ではないが、わたし自身も市長時代はかなり勉強したという自負はある。

特に、市長就任当時は何度も記述したように、北九州市にとって「どん底」ともいえる時代であった。早い時期にある程度の明るい兆しを市民や職員に体感してもらう必要があることから、猛烈に勉強した。わたしの勉強はそれこそ事案の由来から類似の事例まで徹底的に調べることから始める。ほとんどが初めて手がけることばかりだったので資料も膨大に膨らんだ。本当に時間を惜しんで勉強したことから、一日が二十四時間しかないことを恨みたいくらいであった。

市長に就任した最初の半年間くらいは、市庁舎外でのパーティーや打ち合わせの公務が終了した午後八時以降に、市長室に戻り、関係部局長を交えて勉強会や会議を開催することも珍しくなかった。このことをどこから耳にしたのか、出身官庁である建設省の友人から「霞が関時代と同じ感覚で仕事をしているそうだが、部下にも少しは気を使ってやれ」と忠告されたこともあった。

エコタウン事業の立ち上げの時には、廃棄物やリサイクルという難しい問題を含むこともあり、朝七時からの「早朝勉強会」を開催したこともあった。また、行財政改革などテーマを絞って局長クラスや若い係長たちと合宿も何度か行った。今となっては気力も身体も良く持ったものだと思うと同時に、職員も良く付いて来てくれたと思う。

このようなことから、わたしが執務する市長室も、応接室然とした他の市役所のそれとは大きく違っていたのではないかと思う。

いつでも臨戦態勢―「参謀本部のようだ」と評された市長室

市長室の入り口には、「どんなに良いことでも実行しなければ役に立ちません」「夜明け前が一番暗いのです」などの言葉を書いた紙を何枚も貼り付け、わたし自身だけでなく、市長室に入る職員にも心がけてもらうようにした。多湖輝氏の言葉が多かったと思うが、その時々において替えていた。壁にはプロジェクトを書き入れた大きい市内の地図板を掲げ、室内には数人で囲める大きな机を置き、そこで打ち合わせを含め、全ての事務を執り行っていた。床には足の踏み場もないほどテーマごとの書類が並べられ、ある財界人の一人は「まるで戦時下の参謀本部みたいですね」と印象を語ってくれたこともある。

全てを大机で行っていたため、本来座るべき「市長の椅子」には、就任と退任の記念撮影に座っただけで、普段は資料を保管する物置と化していた。まさに笑い話のような状況であった。

机に座ったら、そこは議論の場であり、そこでは職位に関係なく議論することを心がけた。だから、逆に議論に参加せずメモだけを取っている職員に「議論の場だ。メモを取るだけならいなくていい」とその上司を叱ったことが何度もあった。

また、壁には担当部局から報告された主要なプロジェクトの「スケジュール表」や「役割分担表」などが本来の壁面が見えなくなるくらいに貼り巡らせていた。これは、わたし自身、プロジェクトの内容や進捗状況がわかるようにしたいことから貼っていたのであるが、担当部局にすればいつも注目されているということで、結果として職員が発奮する要因になったと後になって聞いた。余談ながら、職員の中にはあまりにプレッシャーを感じ、わたしの外出中にこっそり、予定より遅れた事業スケジュールを貼り替えに行こうかとまで考えたと、市長を辞めた後に笑いながら告白されたこともある。

第五章

これからの地方自治——反省点と困惑

国への甘えと強すぎる横並び主義

わたしは、五期二十年にわたって市政に取り組んできたが、その任を終えて改めて、地方行政の問題点について考えることが多くなった。このことは冒頭のプロローグにも述べた通りである。

わたしは、取り組んできた市政の「功罪」を市民の皆さんにしっかりと判断してもらいたい。そして、わたし自身、果たして何が足りなかったのか、どうしていけば更によくなったのかを、市政に取り組んできた者の視点で反省し、それを後に続く人たちに示すことが必要と考えている。

その意味で、これから挙げる「反省」を、現在地方行政に関わっている人のみならず、企業、学校、一般市民の皆さんにもぜひ自分の問題として考えて頂ければ幸いである。

①どこかに「国が何とかしてくれる」という甘えがあった

地方自治体は、政策も財源も、最終的には国が面倒を見てくれるという甘えがあったのではないか。かつて首長の手腕は、優れた政策や自前の財源を捻出することより、いかに国からお金を取ってくるかで決まるという評価が定着していた。実は、わたしも第一回の選挙のときには不況のどん底からの脱却のために「阿修羅となって国からお金を……」と訴え支持を得た。

法律や国の制度は、地方の力では変えられないと思い込み、せいぜい「制度改正の要望」などに終始していた。

自分たちで考えるよりも国のモデル・指導に頼り、まず国の考えを聞くということが習慣となっていた。自らが努力するより安易にお願い（陳情）に行くことが多かった。

言い方を換えれば、国が公共団体を財政破綻させるわけはないだろうと高をくっていたと言ってもいいだろう。

国と一体となって進む「護送船団方式」が、かつては確かに存在しており、それが外国に追いつくためには有効な時代もあった。しかし、いつの間にか地方自治体は手段と目的を逆転させ、その護送船団方式を乱さないことが大切だと考えてしまっていた。

護送船団方式で進むことが有効であった時代は、目標とするモデルがあり、それに追いつこうとするときは機能したが、自ら進路を決める時代には、それが足かせとなるばかりに変わってしまった。つまり時代の変化に対する準備ができていなかったのである。小泉内閣の規制緩和政策は、この護送船団方式の考えを見直すきっかけとなった。今後の大きい宿題の一つとして残っている。

さらに、国に対して「縦割り行政の弊害」を批判するその足もとで、国の縦割り行政を奇貨として、地域団体に対して自治体の縦割り行政を押し付けてきたのは、大きな反省点である。一例をあげると、市役所の各局が事業ごとに地域団体に交付している補助金は総計二十件近くあるが、これを統合するという発想はなく、それぞれ独自性を主張するさまは霞が関と相似形ではないか。なかなか結論が出ないので、しびれを切らし「人に文句を言う以上、自分も人から言われないように！」と俗っぽく訴え、これが百の理屈に勝《まさ》った。

小学校区ごとの市民センターの施設整備とあわせて所期の「地域総括補助金」へ

の一本化も進み、数年かけてほぼ目標を達成した。面白い体験でもあった。

②フルセット自前主義に捉われすぎた

自治体も住民も、他の自治体が所有している全ての施設をフルセットで持ちたいと思っていた。そのため、既存の民間施設を借り受けるなど、地域の資源を生かす発想があまりにも薄かった。

さらに同じ発想から、自治体同士の広域連携や相互利用などの枠組みづくりの視点が欠けていた。

なぜなら自ら設備を保有することが自治体の格付け向上につながると誤解していたからである。大切なのは「機能の確保」であることに考えが及ばず、機能が類似していても目的（「憩いの家」と「集会所」）が違えば、新たに別の施設を整備しようとしてきたのが、これまでの地方自治体の姿だったのではないか。

③「経営」の視点が欠如していた

地方自治体は、明治時代以来の「統治機構」という意識が抜けきらず、地域を運営するという経営主体としての意識・視点がなかった。

例えば、コスト意識、スピード意識、サービス精神などの経営感覚が欠けていた。

地方公共団体のストック（資産）やキャッシュフロー（現金及び現金同等物）、バランスシート（貸借対照）を示す観点で財政を見ようとせず、予算は残さず使い切ることが良いことだと考えていた。施設はイニシャルコストだけに気を配り、ランニングコストが軽視されていた。民間経営者の眼からみれば指摘することは山積している。

既に記述したように、事業費を見ても、地方自治体の場合は多くが人件費は別費目であり、予算・決算上の事業費の額に人件費は含まれていない。このことは、同じ事業を実施する場合の民間企業とのコスト比較を困難なものにしているだけでなく、自治体関係者が人件費というコスト意識を持つことの阻害要因となっていると言えよう。

民間企業では、不採算事業について「損切り」という考え方があると同時に会計制度上も認められている。一方、自治体においては、損切りという考え方は一般的ではないばかりか、死語でさえある。このため、一度始めた事業は何があっても完了させるべきということになりがちである。これは、行政の無謬信仰という考え方だけでなく、監査や会計検査で無駄な事業であったと指摘されることを恐れるなど制度面にも起因している。

これらの例は全て都市を「経営」するという視点が欠けていたことによるもので、自治体の疲弊、財政の破綻の遠因の一つであることは疑いがない。

職員の意識も「倒産がない」「クビがない」「給与は上がるはず」という甘えの構図で、新たな事業も知恵も生まれる土壌がなかったのである。

そして「都市間連携」よりも「都市間競争」が強調されすぎたという点も指摘しておきたい。

④行政の完璧性・完全無欠主義に腐心しすぎた

行政は完璧でなければならないと考え、失敗を認めたり、事業を廃止するのが苦手だった。

施策や事業を、計画どおり完了させることが重要であるとし、施策や事業の効果を住民の満足度で検証してこなかった。その結果、住民が「望んでいること」より行政として「やりやすいこと」が優先されがちであった。

先ほどの例と同様、明治時代以来の「統治機構」意識に捉われ、依然として、住民に対して「知らしむべからず、寄らしむべし」という感覚を潜在的に持っていたのかも知れない。

また、公共事業などでは一度事業が始まると、中止するという発想がなく、途中で中止したり方針を変更すると、過去の決定そのものが間違っていたと判断されることへの恐れがあった。それが結果として、早期に手当てをすれば最小限で済んだはずの〝傷口〟を広げてしまう事態を招き、これもまた地方自治体の現在の状況を生んでしまった遠因となっている。

⑤公平性の追求にこだわり過ぎた

過去の施策との整合性、結果の公平性などに腐心し過ぎ、特定のプロジェクトや地域への重点投資や受益者の負担増につながるような改革には消極的だった。「横並び」意識が強く、努力したものが報われるような特別な仕組みをつくることにも消極的であった。この横並び意識は政策決定者の判断要素の大半を占めたことは間違いない。「他県の様子は?」、「中央省庁の見解は?」が判断の決め手となるのは護送船団方式の影響か。そのことがむしろ手堅い行政手腕と評価された首長もいたくらいである。

また「受益者」負担の問題については、論議することすら消極的だった。「高福祉ならば高負担」と、積極的に問題提起してこなかった。

生活保護等にみる〝制度疲労〟

これまでの日本を支えてきた様々な制度が現在、疲労している。この〝制度疲労〟問題が、地方自治体の経営においても、重要な課題となっているし、すでに、多くの自治体がこの問題に直面して「困惑」している。

その代表的なものとして、生活保護制度がある。

生活保護は、制度創設以来半世紀以上が経過しているが、その間、抜本的な制度改正はなされていない。

生活保護制度の導入後、健康保険や介護保険、国民年金などの様々な福祉制度が導入されたが、これらの福祉制度から外れた人たちにとって、生活保護が最後で、しかも唯一のセーフティネットとなっている。

確かに、国において「自立支援プログラム」の導入など一定の制度見直しはなされているものの、もとより生活保護受給の多くを占める高齢者世帯等の生活保護からの脱却にはつながっていない。

救済を求める人も、救済する方（自治体）もこの〝制度疲労〟を起こしている制度に頼らざるを得ないというのが現状である。このような制度疲労の問題に目を向けることなく、国と地方の間で財源負担割合についてのみ議論（論争）がなされていることに虚しさを感じたことがある。

わたしは、この際、これらの福祉制度の役割分担や手法などを抜本的に見直すべきではないかと考える。

たとえば、一時的な傷病者や母子家庭については、対象者の実状を最も把握している地方自治体が自らの事務として、医療、保育、職業訓練、職業紹介などを充実させ、総合的に組み合わせることで、社会復帰を早めることに重点を置く。一方で、高齢者や慢性的な傷病者に対しては、現行の生活保護制度ではなく、国の責務として基礎年金のあり方、健康保険や介護保険のあり方まで含めた制度設計が必要である。いずれにせよ、現行では金額面でも国民年金よりも生活保護の方が支給額が高い状況であり、これが続けばモラルハザードを引き起こす。

このように国や自治体が真に救済を必要とする人々に対応できるような社会保障制度に改革を進めるにあたっては、必要な財源を確保すること、行政の権限を明確にすることに加え、対象者の経済状況や家庭環境などの情報を行政が正確に把握できるようにすることが不可欠である。

財源の確保、対象者の経済状況の正確な把握という面では、米国には「社会保障番号制度」が、オーストラリアには「納税者番号制度」が、またスウェーデンには「国民番号制度」が存在し、機能している。

わが国の国民には、個人のプライバシー保護や個人情報流出の防止の観点からこの種の制度導入に対して強い拒否反応があるが、不確実な「虞《おそれ》」だけで、その有効性を論じることまで否定してよいものであろうか？

既に多くの自治体においてＩＴによる住民の情報管理は当たり前になっており、全国レベルでも二〇〇二年（平成十四年）から住民基本台帳ネットワークシステムが導入されている。

狭い国土に住民が密集して居住していることや単一の言語が公用語であることなどを考えれば、諸外国のような制度の導入・普及は容易であると考える。また、何も新たなシステムを構築する必要もない。既存のシステムをネットワークで結ぶ、あるいは既存のシステムの中で最も優れているものを採用すれば、足りるのではないか。行政の負担も非常に軽いもので済むと思われる。

そして、何よりも社会保障制度を受けずに済む一部の国民が抱いている「ずるいことをして保障を受けている人がいる」という疑念を晴らせば、納税意識の向上につながるのではないかと考える。

また、真に公平で効果的な社会保障制度を構築するには、行政の調査権限を強化することと不正受給を受けた者への罰則の強化も必要である。

二つ目に、義務教育（指導要領制度）の問題がある。

全国津々浦々に、一定レベルの教育を施すという面では優れた制度であったが、自治体や教師の自発性・創意工夫を阻害し、地域の特性を考慮しない画一的な教育になってしまっている。いわば「教育の護送船団」であったと言ってもいいかもしれない。今後は、地域の特性を生かした弾力的な運用をしなければ、公教育自体が空洞化する恐れがある。にも関わらず、自治体の首長の仕事は、教育行政に対しては予算配分等に限られており、教育内容に関与できない。首長の中にはこれへの不満を持つとともに、教育行政に距離感を覚える者が多い。

三つ目に、新たに自治体が抱えている問題は、個人の「プライバシー」である。その「プライバシー」と「公共の利益」を、いかにバランスさせていくかに、各自治体が頭を悩ませている。公平で効率的な行政運営のためには、住民や企業の所得の正確な把握は必要条件であるが、個人のプライバシー等への配慮からこれがなされてこなかった。納税者番号制度などがないわが国においては、所得把握が正確にできていないだけでなく、そのために人手を要する等多くのコストがかかっており、自治体の財政難の折、対応に苦慮しているところが多い。

安全・安心の確保においても、プライバシーとの兼ね合いが難しい。犯罪を未然に防止するとともに、不幸にも犯罪が発生した場合の迅速な解決に向け、商店街などの街中に防犯カメラを設置することが不可避な時代となっている。しかし、テレビ局の街頭取材などでは、我も我もと前に出てきてカメラの前で手を振ったりする市民が多い一方で、プライバシーの保護という視点から防犯カメラの設置に反対する住民も存在している。市民の安全・安心が脅かされている今日の社会状況等を踏まえれば、わたしは今後とも設置を進めるべきと思う。

さらに、プライバシー保護の観点から、居住者の家族構成や年齢等が公共団体においても把握できない例が多いのも問題だ。

住民（居住者）を正確に把握できていないことから、災害発生時の避難・救出や防犯上必要な情報提供等において作業の支障になることもある。

一人暮らしの高齢者の中には、プライバシーを盾に行政や地域による声かけに対しても応えようとせず、地域に馴染まないまま孤立化し、結果として孤独死を招いている例もあることが自治体の悩みとなっているのである。

そして、次に、教育の問題とも関連してくるが、モラル・マナーの低下も今日的な課題となっている。

無許可の屋外広告物、チラシの散乱、公共の場における落書きやごみのポイ捨て、飼い犬のフンの放置、自転車の放置、迷惑駐車、路上喫煙や迷惑運転など住民のモラル・マナーの欠如に起因する迷惑行為が多発している。

往来を歩きながらの喫煙、電車のシルバーシート周辺など禁止されている場所での携帯電話の使用などは、迷惑なだけでなく周辺の人々の安全にも関わることである。

日本人のモラル低下が叫ばれて久しいが、その状況は改善されるどころか、悪化の一途を辿っている。現行法令では軽犯罪法で一定の行為について禁止されているが、実効性がないのが現状だ。

モラルやマナー違反に対し、法律まで制定し、多額の罰金や矯正労働等の厳しい罰則で臨んでいるシンガポールなどの国もあるが、わが国では特別な法律が存在しないことから地方が条例で対処する他なく、実効性の確保が難しい。

モラル・マナー違反の撲滅を願う市民要望がある一方で、「モラル・マナー」という個人の道徳観に対し罰則をもってまで臨むのか、地方自治体の苦悩は続いている。

自治体はどう変わるべきか

わたしは中央官庁、建設省での業務を経験してきてから市長を務めたために、中央省庁と地方とでは歴史もＤＮＡも違うと感じることが度々あった。

この違いを感じた時、基本にしたのは、地方の持っている資産を武器にして、相手つまり中央に主張を続けるということだった。例えば、税の優遇とリンクしない規制緩和だけの特区制度は、外国に比較して不十分だ、と主張し続けてきた。

規制緩和一本槍では、いずれ限界が来る。産業振興のインフラ整備のために、規制やその他を総動員して成果を上げていくことが重要だという考え方だ。

その一方でわたしは常に「これがないからやれない」とは言わずに来た。権限がないからやらない、ではなく、少なくとも、現行の建前を前提として、その枠内で努力して進んでいこうという考えで課題に立ち向かってきた。

特に国の仕事は縦割りだ。その壁を低くして横刺しにすれば、より円滑に動くことが結構ある。これは地方の知恵が発揮できる「技」の部分である。そんな努力を数多く積み重ねてきた。

二〇〇七年（平成十九年）は、「格差」がキーワードとなった年だった。正社員と非正規社員、そして都市と地方の格差などである。その都市と地方の格差をどう考えていくのか。

今後、地方分権の議論も進んでいくと、その中で必ず税源の委譲の問題が出てくる。例えば、二〇〇七年には「ふるさと納税」（住民税の一部を生まれ育った自治体などに納めることを可能とする制度）のようなアイデアも出てきたが、わたしは、財源の配分という観点から見れば、合理的なやり方ではないと思う。

しかし、一方で地方に、ふるさとに貢献したいという気持ちに一石を投じたことは間違いない。それは、みんな自分の「ふるさと」のことが常に気にかかっているからだ。

地方で育って、都会に行き、企業で成功している人などは、ふるさとの親善大使などを務めていたりしている。「ふるさと納税」は、その発想の延長線上にある。

そうした人たちがふるさとに自由に寄付できるような形が最良だとは思う。そして、自治体の側も「自分の町にはこれだけ寄付が集まった」というような形の競争が始まると、みんながんばりだすだろう。

自分達の町に魅力がなければ、寄付する人も少ないということになるからである。

わたしは、それぞれが切磋琢磨するという意味で、自治体間にも競争があった方が良いと考えている。わが街の魅力の競争、住みやすさの競争、子育ての競争、特産品の競争など、いろんな競争があってもいいが、今までは、自治体間の競争といえば、県は県、市は市、町村は町村の同種の横並びの競争意識だけだった。全ての自治体間で、しかもその中身で競争する仕組みや意識は乏しかった。

「競争」と言った場合、審判、ジャッジは誰がするのか?という問題は必ず出てくる。審判に不信があれば競技は成り立たない。二〇〇八年(平成二十年)に行われたハンドボールの北京オリンピック予選の例はよき見本だ。ジャッジのルールや基準は、いろんな考えがあるために、その議論を尽くすことも必要だろう。ただし、ジャッジ、審判は自治体や国などの関係者でない第三者がいいと思う。

そうすれば、これまでの政府の方だけを見ての縦意識から、自治体相互の横意識の視点へと変化し、住民のための本当の意味の競争意識が生まれてくるのではと期待している。

かつて、経済企画庁が県単位で地方自治体の住みやすさの順位を出していたことがあった。しかし、県単位では少し単位として大きすぎたのだ。それと、評価を国が行っていたことに対する不満もあったようで、評判は芳しくなかった。それならば第三者、マスコミやNPOなどが市町村単位で評価を行えばいい。

よく競争、競争といわれる中で、官民競争が言われるが、今後大事なのは、こうした「官官」の競争だ。公平に競争する仕組みができれば、お互いのレベルを上げることができるからだ。それを自分の財源の中で競争するのが本当の地方自治だと思う。その競争する土俵の広さは道州制が理想である。

相互不信からの脱却のシナリオ

国と地方の間には抜き難い相互不信がある。これから、新しい途を開いてゆくためには、互いに是非克服しなければならない壁である。そのためには、廻り道のようにみえるかも知れないが、地方が人材を強化し、政策立案能力を高めて国に勝負を挑むことであると考える。自治体の自治能力アップに向けての第一策は人材育成であると思う。

これまでは、自治体の地方自治の能力を問われた時に、人材がいないために、中央から言われた通りの政策しか行うことができなかった。そして財源がなくなれば地方交付税で面倒を見てもらっていた。

地方分権というのは、これを自分の頭で考えなさいということだ。自分で考えられるようになるまでには何年かは必要だろう。そのためにも何よりもやはり人材が必要なのだ。

地方自治体が地方政府として機能するための政策立案能力を身につけた人材が特に必要になる。

自治体の政策立案能力の向上が、「道州制」への道の一つになる。そのための準備にとりかかるのに早いに越したことはない。つまり、地域に必要な専門性を持った人材を広く集めることだ。民間や中央だけでなく、外国も含めて広範囲から集め、組織として実力をつける。

地方自治体も企業も、社長だけが立派では駄目で、社長を支えるスタッフも立派でなければいけないということは同じ。違うところといえば、民間企業は常に競争にさらされ市場原理に支配されていることだろうか。

当然、市場原理だけではいけない、という意見もあり、大事なのはそのバランスなのだと思う。とにかく今迄は、国も地方も公の施設は、まず公共の名のもとにすべて公が設置・管理することだった。ＰＦＩ（Private Finance Initiative）や指定管理者制度などこれに風穴をあける仕組みが導入されたことは歓迎すべきで、積極的に推進すべきだとの考えがある。その一方で、それぞれの持つ施設の公共性や地域特性もあり、市場原理だけでは律しきれない部分もある。それを自らで決めるのが地方自治であり、リーダーの力量の部分になってくる。

競争という点では、今日では、企業誘致に各地方公共団体がしのぎを削っている。企業の国内重視の姿勢と相まって、その激しさを増している。その競争では、単なる経済的優遇措置だけではなく、産業を支える社会インフラ整備が重要な要素になる。電気、水、道路、港は勿論、最近では特に人材である。

現在、地域格差、特に東京と地方との是正が叫ばれており、東京一極集中ではなく、地方重視の流れも追い風になると思う。

そして次は、同じ地方公共団体の中でも、企業誘致、企業創造のために長期に亘って基盤整備をしたか否かの差が出てくるのは必定である。

つまり、今までの二十年、三十年で努力してきた結果が出てくるということである。このことは、将来構想を練るときの興味深い示唆を与えてくれる。

これからは「環境」で勝負!

自治体の能力の中でも、これから何が問われるかということになると、わたしは「環境」だと考える。

これまで、自治体の力を評価するにあたっては、人口、財政(財源)、産業集積、インフラ整備状況などが評価基準の主要因になっていた。

ところが、全国の多くの自治体においてある程度のインフラが整備される一方で、少子・高齢社会が到来する、自主財源を含む財政面での脆弱化が進むという現実に直面している。

国内の自治体だけでなく、世界の自治体を相手に都市間競争が展開されることになれば、今まではあまり注目されていなかった都市の「環境」が、クローズアップされるのではないかと考えている。

日本製の電化製品の質が向上したことで「日本製の製品＝安全で、高機能で壊れない高級品」というイメージが定着したという歴史を思えば、都市全体が環境に配慮したものになっていれば、その都市で生産された産品は「あの都市のものならば環境に優しく、安心できる」といって購入してもらえる時代がやってくるのではないか。

また、環境に配慮した都市ということになれば、都市のブランドイメージも間違いなく向上するのではないかと思う。前述のドイツ・フライブルクが良い例である。

このことから、都市の能力の中で環境が占める位置は大きくなるのではないかと考える。そしてこの「環境」というカードを手に入れた自治体が、従来の人口や財源をもつ自治体がそうであったように住民の満足度を高めることができるのではないか。

「環境」が「地方外交」の武器

いわゆる「都市と地方の格差」を考えても、今後は地方自治体が行う「産業政策」がますます重要になる。

それは例えば、地方交付税の問題を考えてもわかる。地方交付税、公共投資は減る一方。その流れは、「地方重視」が叫ばれるようになったとしても、大きくは変わらないだろう。つまり、地方の財政歳出で、景気を良くしていくというのは絶望に近い。

にも関わらず、北九州市の企業、特にモノづくり企業は、かつてに比べれば空前の利益を上げている。それはなぜか。

日本全体もそうだが、アジア、とりわけ中国からの影響、「フォロー」の風を受けてきているのである。地域経済だけでなく、様々な面で自治体もアジアの動きに大きく左右される時代となっている。

今日、多くの自治体には「国際交流部門」があり、それぞれ姉妹・友好都市を持っている。しかし、各自治体では、行財政改革もあり、単なる「交流組織」の存在意義を問われているのが現状だ。そのため、自治体にとって単なる「交流」から、意味のある「協力」への脱皮は〝焦眉の急〟である。

今後、外交は国レベルだけではなく、地方公共団体も共に行う時代になっていくと思う。国同士が行うと、まだ支障がある問題でも、お互いに現実的な問題なら、地方外交で解決できるということである。まさに「国を挙げた外交が必要な時代」になっているということなのだ。国及び民間企業、地方自治体も合わせた、「三位一体の外交」が必要である。

では、アジアに対して、地方公共団体としてはどういう政策、特に産業政策をとるべきか。

アジアに対しては、やはり交易だ。中でも、技術交流やビジネス投資が必要になる。これは全体としては、まだまだ活発化していない。むしろ、ビジネス交流では韓国や中国との実績はあるが、失敗した例の方が多い。

しかし、この失敗を乗り越えてどうしていくのかを考えなくてはならない。

その時の考え方としては、ビジネス投資を行う時には「互恵」「対等」でなければならないということである。

企業でも、相手から投資をしてもらう時には、「戦略物資」が要る。その企業の「強み」と言ってもいいかもしれない。

例えば、北九州の場合、戦略物資は「環境」だ。これは武器にしていかないといけない。その「環境」の中には技術と同時に人材も含まれる。それを「武器」として活用して、中国、及び周辺の国々と交流をしていく。

これまでも、北九州市は地方外交を展開してきたが、今後はそうした動きを加速する必要があるだろう。多くの自治体がそれぞれ姉妹・友好都市を持っているが、その経験の上に経済交流、環境交流へと自治体間の意味ある協力へと発展を図る必要がある。

先ほど「三位一体の外交」が必要であると述べたが、わたし自身は、三位一体化の手応えを感じている。例えば、北九州市の「エコタウン」は、アジアをはじめ世界で有名になった。そのため、北九州市に勉強に来たいという人はたくさんいる。これは、まさに観光客、学ぶ観光客といえよう。これを伸ばしていくことが必要である。

そういう意味では、アジアなどから、そうしたことを学びに来る「勉強観光」を受け入れる動きが九州全体に広がればさらに良いだろうし、これが道州制の地盤づくりにもつながっていく。

さらに言えば現在、「地方外交」をさらに推進するための提案を、国に対して行っている。

それは「アジア諸国との今後の『環境外交』における地方自治体等の活用」という提案である。

環境国際協力の企画、立案、実行にあたっては、地方の現場で実際に取り組んでいる〝生〟の声を反映させることが重要だと考える。

地方自治体が実際的なノウハウを有する分野は、環境法運用、工場の監視指導、廃棄物処理、上下水道部門などだ。また、企業との連携が取れている自治体であれば、その企業の省エネ・省資源技術も活用できるだろう。

横浜市、福岡市、北九州市などは、アジア地域を中心に独自の都市間協力ネットワークを持っている。

さらには、北九州市の北九州国際技術協力協会（KITA）の他、滋賀県の「ILEC」、四日市市の「ICETT」、大阪市の「GEC」、富山県の「NPEC」、兵庫県の「EMECS」など、外務省、環境省、経済産業省などが関わる公益法人が存在している。

以上のことから、各地の公益法人、各自治体の交流・協力組織と、JICA（国際協力機構）が一体となって、「オールジャパン」で取り組む連合組織を立ち上げ、「国際（アジア）環境人材育成地方拠点整備事業」を創設してはどうだろうか。

拠点施設は、新設する必要はない。各地の既存〝ハコモノ〟を利用し、業務はプログラム開発、日本側の「教える人材の訓練」（団塊の世代の活用）、企業の協力支援などのソフト事業を中心とすることもできるだろう。

このように「環境外交」は外交と内政、さらに自治体政策を一体化する政策になり得る。そこに地方自治体を活用する、というのがわたしの提案だ。

スピード経営のために道州制を

韓国などとの共存においても、自治体間の競争の時代や自治体能力が問われる時代であるという考えは成り立つ。九州全体のＧＤＰ（域内総生産）は、十年前まで韓国より上だったが、今は抜かれてしまった。その原因を探れば、韓国政府が「選択と集中」の「集中」で投資を進め、経済を拡大してきたことがわかる。

また、福祉国家のノルウェー、農業と林業の国からハイテク国家へと変わったフィンランド、国際貿易のシンガポールなど、現在繁栄しているのは皆、小さな国だ。それは、改革のスピードが速いからだ。スピードこそ文字通り勝負の鍵である。

九州はこうした姿勢を学ばないといけない。そのため、国と地方が互いに権限を主張し合うことよりも、むしろ経済、経営という面から見て、九州としてどうあるべきかというアプローチを、経営者、学者が中心となってやらなければいけないと思う。

つまり「地域を経営する」という視点が必要なのだ。そこで、民間の経営者の出番だ。そうすればおのずと、徴税システムとその配分に議論が進んでいくだろう。

例えば、仮に道州制が導入されれば、九州が一つにまとまった経済圏として自立することができる。コストが下がるのは目に見えている。それを市民に還元する。例えば、福祉に、あるいは少子化など具体的な政治課題とリンクさせて政策を打ち出すべきである。

国の権限と県・市町村の権限はどうあるべきかという問題での足の引っ張り合いでは進まない。「市民にまで利益が及ぶ」ということになれば、市民はもっとこの問題に関心を持つと思う。

道州制の目的は、中央集権から真の地方分権を目指して、国と地方の役割を見直し、権限や財源の更なる委譲、人材の創出により、その地域（道州）の経済、環境、福祉などを自らの責任で切り開いていくことだと思う。

今の日本では、財源の多くを国が持ち、網の目のように規制が存在するため、地方自治体が独自の事業を進めようとしても、それらの制約を受け、うまくいかないことが多々ある。

国も地方も、お互いに簡素な仕組みをつくろうということを追求していけば、結論は自ずと道州制に向かう。

その中で九州は、道州制の導入に関しては一番早いだろう、と言われている。

例えば、オリンピックは都市のイベントだ。二〇〇六年（平成十八年）、福岡市は二〇一六年夏季オリンピックの開催候補地として立候補し、国内選考で東京都に惜しくも敗れたが、仮に勝っていたら、九州全県みんなが応援しようという意気込みが、少なくとも議会、市長会全体にあった。こういうことは今までになかったことである。

九州新幹線が完成すれば、鹿児島から福岡まで一時間二十分で行けるようになる。そのため、福岡市がオリンピック開催の候補地となっていたら、九州全体でオリンピックを支えるという大きな目標となり、非常にわかりやすい道州制導入の先例となっていただろう。

道州制は必至、議論を急ごう

先ほどから、何度か道州制について言及しているが、今後のわが国の統治のあり方を考えた場合、道州制は避けて通ることのできない議論である。

自治体の護送船団方式が限界に達すると同時に時代に合わなくなったこと、地方分権が一層進展するであろうこと、わが国の財政状況が厳しさを増すこと、行政が抱える課題が複雑化し、迅速な対応が求められること、狭い国土に都道府県と市町村という二重の自治構造はコストがかかることなどの現実を踏まえれば、現在の国・都道府県・市町村という統治制度は限界であり、国・道州・基礎自治体というシステムに自ずと向かうのではないか。

ここでいう「基礎自治体」というのは、現在の市町村ではなく、中核市か政令指定都市くらいの範囲や人口、産業集積、インフラ（社会基盤）をもって直接住民に行政サービスを提供する自治体をイメージしている。今日のような交通手段や通信手段があれば、現行の市町村の範囲を拡大しても住民にとって著しく不便なものにはならないであろう。当然ながら、既存の市町村をこの基礎自治体に変更するためには市町村合併なり、広域連携が必要となってくる。

現在の市町村では、各種の課題に対応するにはあまりにも小さすぎる。仮に権限と財源を付与されたとしても、すぐには人材が揃わない。人口数千人の町や村に少子化や高齢化、シャッター通りとなっている商店街などに対して何か政策を立案・実行せよと言っても、現実には不可能だといえよう。

そうなると、一定規模の面積や人口、産業集積、インフラは不可欠となる。それが仮に政令指定都市レベルのものとなれば、一つの都道府県に多くても十、少なければ三〜四の基礎自治体が存在するだけとなる。こうなれば、その基礎自治体を補完する現行の都道府県は不要となる。それよりも、道州くらいの範囲で、大規模な産業政策や社会基盤整備を考えた方がよい。社会保障制度においても、特に保険制度では、少なくとも道州くらいの人口がないと持続可能性は低い。

以上から、わたしはいずれ道州制に移行するであろうと考えている。

その場合、問題は、何年後を想定すべきか。そのための準備は何が必要か。移行を早めるためにはどのようなことが必要かということになる。

道州制とは、地方分権だ。では、地方分権とは何か？　と問われれば、「国の形を決める」ということだ。

もし、分権を進めるのだとしたら、中央政府は「小さな政府」になるだろうし、各都市は「特色ある都市」になっていくことがますます必要になる。

それから、分権とは「広域行政」である。広域行政を行えば行政コストが下がる。これは現実問題として進めなければいけない。

さらには、それでも疲弊した市町村は日本にいくつもある。こうした問題をどうしていくか。「地方分権」と言った場合には、この三つを一挙に解決していくことだ。

北九州市の五市合併は自治体改革のモデル

道州制を実現する第一ステップとして、まずは広域行政を押し進めることではないだろうか。疲弊した自治体の生き延び策という観点からではなく、道州制の第一歩と考えれば、積極的な思想も出てくる。これまで行われてきた広域行政の良かった部分、優れた部分を検証してみる必要がある。

それには五市合併による北九州市の誕生が大いに参考になると思う。北九州市は、一九六三年（昭和三十八年）に門司市、小倉市、若松市、八幡市、戸畑市の五市が対等合併したことで誕生した政令指定都市である。

この地域では、戦前から戦後にかけて三度、広域行政の必要性から、様々な運動や調整が行われてきたが、実現には至らなかった。

しかし、一九六〇年（昭和三十五年）頃から、四度目の合併論議が起こった。この時、当時東京都立大学教授の磯村英一氏が「多核都市論」を提唱した。これは、それぞれ特色を持つ五市を核に、これらを結びつける交通を強化し、一つの都市としてまとめるという考え方で、市民の中に、この理論は具体性、納得性をもって広がっていった。このように、北九州市誕生には、市民に認められる理論があった上に、一緒にやりたい、一緒にやるべきであるという政治エネルギーがあった。

そういう波が来て、基本理念をつくった上で、しかも、特例法までつくって、ようやく北九州市は発足した。

そこで何が言いたいかと言うと、九州が、もしくは全国の他の自治体同士が一つの府になるためには、北九州市の五市合併に至るまでの経過と論点を整理して、その経験を、未来への道しるべとして使うのが一番いいのではないかということだ。

市民の意識が盛り上がって対等合併に進んだプロセスや、四十年以上にわたって広域行政を行ってきたことによる成果や、その〝功罪〟まで含めて検証することができるのが、北九州市ということがいえるのではないだろうか。

北九州市が得た教訓のうち、最大のポイントは、五市合併の理念が「対等合併」

であったこと。そのためであったかどうかわからないが、当時の五市の市長はどなたも新しい市長選に出馬しなかった。合併後の市政がうまくいくための一つの隠し味ではなかったかと、今顧みて思う。

近年では、さいたま市など対等合併の例があるが、具体的な合併の成果については、北九州市の場合、四十年以上が経過しているため、客観的に評価することが可能になっている。

具体的な例としては、環境対策は五市バラバラでは絶対にできなかった。また、旧市の水源地を一緒に使えるようになったことで、水の相互融通がきちんとできるようになった。

道路は、政令市になったことで都市高速ができ、市外電話が皆、市内通話になったために通信経費が安くなった。

それから、五人の市長が一人に、市議会議員が三分の一の六十人台になり、それによって効率的な行政、補完的な行政ができるようになった。保健・福祉も含め、行政サービスが均等になり、行き届くようにもなった。

合併によって都市の機能を最大限に活用できるようになり、広域行政はすべてう

五市合併の北九州市の歩みは道州制に向けた一つの実例だ

まくいっている。

北九州市のこうした実例をわかりやすく国民に提示することから始める必要があるのではないだろうか。

幸いなことに北九州の五市合併になるまでのいろんな資料は、きちんと整っており、それを全国の皆さんに分析、論評して頂くことは、道州制を進める一つのわかりやすい手法になると思う。

現在、道州制の議論では、権限や財源をどうするかということが先行して、具体的な姿というのはなかなか語られてきていないが、まずは、一つになったらどういう姿になるかという夢と希望を説明しなければならない。

道州制のメリット、デメリット、様々な利害を越えて推進するには、合併したらどれだけ良くなるかを体感するという、「急がば回れ」が王道と思う。

また、例えば道州制になった時に「ネクスト・キャビネット（次の内閣）」のように、「九州の厚生労働大臣にはあの人になって欲しいとか、国土交通担当にはあの人に……」という道州制の閣僚は誰かという具体的な形を議論して、世論を盛り上げていくのも一つの手段だ。

道州制実現には、ホップ、ステップ、ジャンプの段階が必要だ。今の体制ではいきなりジャンプは無理だろう。まず、今の制度でできるところを少しずつ広げていく、つまり、合併などで広域行政を実現していくという考え方が重要で、それが現実的ではないだろうか。

地方から現場を見て、現地の実情を見ながら制度を改善していくしかない。

コミュニティの基本は「互助」精神

道州制の導入の有無に関わらず、大事なことの一つに、地域の活力を増すことがある。

その中で、重要なのは少子高齢化にどう対応するかである。北九州市が、全国平均を上回る速さで高齢化が進んでいることはすでに見てきた通りである。

今後、戦後の「ベビーブーム世代」が高齢期を迎えるため、これまで以上に高齢化が急速に進むことが予想される。二〇一〇年には、ほぼ四人に一人が六十五歳以上という「超高齢化社会」を迎えることが予測されている。

こうした状況に対し、高齢者を始めとした全ての市民が生き生きと暮らすことのできる高齢化社会のモデル都市を実現するために、一九九三年（平成五年）に「北九州市高齢化社会対策総合計画」を策定し、市民と行政が一体となった対策に取り組んできた。

少子化に対しては、各自治体だけでなく、国も一緒になって緊急に取り組むべき行政課題であり、北九州市では「子どもの成長と子育てを地域で支え合うまちづくり」を目標とした「子どもプラン」を策定し、三百四十を超える幅広い施策に取り組んできた。

このように、地域住民や民間、行政などが一体となった取り組みが「福祉の三層構造」も含む「地域福祉のネットワークづくり」「北九州方式」なのだ。

要するに、我々が行ってきたのは、地域で市民生活を支える仕組みづくりだ。それこそ、地域のみんなで「コミュニティ」を支えるという思想である。

ところが、このコミュニティ意識の低下が、多くの自治体を悩ませている。

市民の多くが、自治会をはじめとする地域団体、市民活動への参加に消極的である。これらの活動に参加しない人々は「得にならない」「面倒である」「役員になりたくない」などという理由を挙げている。

本格的な少子高齢社会を迎え、地域全体で子育てを支え、高齢者や弱者を見守るというかつての日本の美点が再度見直される時代が来ると考えているが、コミュニティ意識の低下はその備えを不十分なものとしてしまう。

住民意識の問題であることから、住民が地域における「互助」の精神と活動の重要性に気付き、行動に移してもらうようにするための特効薬を行政は持っていない。

戦前、一世を風靡した岡本一平さんが作詞した『隣組』という歌がある。「とんとんとんからりと隣組　格子をあければ顔馴染み　廻して頂戴回覧板」から始まる歌だが、その三番に「地震雷火事泥棒　互いに役立つ用心棒　助けられたり助けたり」と歌詞は続いている。

わたしは、これがコミュニティの基本だと思う。

しかし、わが国では戦後一貫して、住民の協力を前提とした行政施策はとられてこなかった。コミュニティの重要性や、行政との連携の重要性が、あまり認識されてこなかったということなのだろう。

住民主導の活動が見直されたのは、一九九五年（平成七年）に起きた阪神・淡路大震災が契機である。

地元の消防団活動が活発で、コミュニティが確立しているところでは救命率が高かったのだ。どこに誰が住んでいるかを近所の方々がわかっているので、すぐに助けに行くことが可能だった。

それを契機に、北九州市の福祉、教育、消防、安全の諸活動は自信を持って、住民の協力を前提とした組織づくりを加速し、その成果は着実に上がっている。

大切なのは、市民一人ひとりが地域意識を持つということ。そうした意識を持った市民の協力と一体となって、役所も進んでいくことである。

問題は少子高齢化というテーマを、大きな時流の中でどう捉えるかということである。

わたしは、これまでいろいろな経験をしてきた。戦後のインフレや、近年のデフレのような両極端の経験もした。わたしが若い頃は人口増大の時代で、日本は人口が多すぎて移民まで行っていたし、食料が足りなくて食料増産、人造米も造ったほどだ。子どもが多いからといって、産児制限まで経験した。

「少子化」と言った時に、一体誰が、本当に困るのか考えて欲しい。じわじわと経済が萎縮すれば、誰あろう、国民一人ひとりが困ってくるのである。

例えば雇用問題では、欧州では外国からの移入労働力が活用されている。わたしの経験で言えば、人口が多くて食べ物が足りないという時と比べれば、今は恵まれている。わたしたちは、食料のない時代を乗り越えてきた。昭和二十年代とはそういう時代だった。

若者はこれから大変だ、という意見もある。しかし、少子化問題には、必ず日本から解決のための「英知」が出てくると思う。今はまだ、そこまで追い詰められていないということではないだろうか。もっと、国民の協力の可能性を信じてもいいのではないだろうか。わたしは、その可能性を信じている。

「地の利」を経済交流に生かせ

北九州市には広大な土地があったために、それをどう使うか一生懸命取り組んできた。港をつくり、道路をつくり、空港をつくり、加えて、学術研究都市をつくった。それがようやく花開きつつある。当初は誰からも見向きもされなかったが……。

企業が工場を立地するときのポイントは、カントリーリスクと物流コストと人材供給力だ。海外の場合には、技術ノウハウの流出懸念もある。

特に、モノづくり企業では、コアの部分は日本でつくるという傾向が非常に強い。アジアで組み立てたものを、日本の港に持ってきて、最後の仕上げをして「メイド・イン・ジャパン」で出すことができる。そうした時に、北九州市はアジア諸国との距離が非常に近い。

「ひびきコンテナターミナル」が注目されているのはその点である。「四大プロジェクト」の一つ、「響灘大水深港湾」の今後の役割について、ここで書いておきたい。

昔から北九州には「地の利」があった。それを現代、将来に向けた武器とするための答えは何か。それが北九州市を「アジアのゲートウェイ」とするという発想だった。「アジアの時代を北九州市が利するには、空港・港湾の整備が必須の課題」と明確に位置づけてきた。

日本の港は、コンテナ取り扱い量などで、韓国の釜山や、中国の上海などに押されてきた。その理由はいくつかあるが、大規模港湾の整備の遅れ、加えて港湾利用料金の高さ、休日は稼動しないという不便さ、荷役など各種手続きの非効率など、「ソフト」の部分でも、国際社会から遅れをとった。これによって、日本の港は国

完成した大水深港の「ひびきコンテナターミナル」（2005年8月）
「日本海ルート」の布石と期待される

際競争力を失ってきたのである。

　響灘では、利用料を安く、三百六十五日、二十四時間フル稼働、迅速な運営を実現することを目指している。

　船の輸送に関しては、「二十世紀型」の海運は、アジアからアメリカに向かう場合、横浜、神戸という二つの港に寄って太平洋に抜ける「太平洋ルート」を活用してきた。しかし現在、中国発着の荷物が増大していることもあり、これからは韓国の釜山港を経由し、津軽海峡を抜けていく「日本海ルート」が注目されている。そのため、このルート上にあり、環黄海に面する響灘を整備したのである。

　水深十五㍍の大水深バースと大規模コンテナターミナルを整備して、環黄海圏のハブポート

（中枢港湾）を形成しようとしてきた。この水深であれば、今後コンテナ輸送の主軸となる「オーバーパナマックス」（船幅三十二メートル以上、船長二百六十二メートル以上のパナマ運河の航行が不可能な船型）など大型船舶も利用できる。二十四時間フル稼働ということで、集配の仕組みも整えている。

特に、北九州地域は今、モノづくり、液晶や自動車関連の立地がどんどん進んでいる。一方で荷物がなければ船は来ない。そこでまず荷物をつくる「創荷」が必要になってくる。例えば自動車部品でも、ハイブリッドなどのコア部分を運ぶ機能を持つことで、競争力を高めていく。

日本政府にはもっと、この「日本海ルート」に注目して、規制緩和を進めて欲しいと思っている。

アジア諸港の港間の競争も激しくなっている。そういう意味からも、日本海に面した響灘を今後、コンテナの拠点にしていかなければならない。そのために、例えば中国、韓国との都市間で、港の管理者同士が協議して、相互に優遇措置をするなどということが必要だが、北九州市ではすでに実践してきている。

「環境技術」で海外交流を

今後、自治体が国と一緒になって環境外交を推進すべきだということは既に書いたが、まさに、北九州市はそのトップランナーになれると思う。

北九州市には「北九州国際技術協力協会」（ＫＩＴＡ）という国際協力機関ができている。世界では、産業開発が進展していく中で、資源やエネルギーの大量消費を招き、深刻な環境問題が起きている。北九州は、すでに書いてきた通り、製鉄業など重厚長大産業で栄えた過程で様々な環境問題が発生してきたが、産・官・学、そして民とで連携を取って、問題を解決してきた。

そこで、北九州市が進めてきたその技術を、発展途上国をはじめ、世界中の国々に役立てられないものかと考え、生まれたのがＫＩＴＡである。ＫＩＴＡでは、新日本製鐵八幡製鉄所を退職された人たちや市職員を中心に、人材育成支援や専門家を派遣するなどして、産業開発と環境保全との調和を図っている。

ＫＩＴＡは、ＪＩＣＡ（国際協力機構）などと、もう三十年近く連携しながら進んできている。かつて工場で働いていた退職者が中心であるだけに、結果的に、その人たちの「生きがい対策」にもなっている。

定年を迎える、いわゆる「団塊の世代」の大量退職が社会問題視されているが、北九州市ではすでにそのモデルは動いている。仕組みさえ上手につくれば、六十歳以上の方でも社会貢献ができる仕事に就けるということなのである。

同時に、我々が頭を悩ませてきた水や大気などの環境問題は、今では特に中国が抱える大きな問題になっている。北九州市には中国政府の大臣クラスがよく視察に来る。地理的にも歴史的にも、「引っ越しのできない日中関係」といわれるように、両国の間には複雑な問題が絡み合っても、環境協力は、その日中関係の交流促進剤になり得ると思う。

現に、中国からのニーズは圧倒的に多いのだ。中国の都市との付き合いの最初は、友好都市・大連市との間の国際交流から始まり、相互交流は「環境モデル地区」を創る計画にまで発展し、北九州市がこれを支援した。この地方発のプロジェクトが、日中国家レベルでの国際協力案件（ODA）にまで発展し、大連市は「グローバル500」の賞に輝いた。

環境協力から生まれた「東アジア経済交流推進機構会議」

また、天津・蘇州市などとは、エコタウンのノウハウを活用した地域づくりに協力するなどの取り組みも進んでいる。昆明市とは下水道分野の協力も行っている。

重慶は自動車や機械、電子関係など、日本や欧米から多くの企業が進出し、揚子江上流の新しい内陸産業都市として発展しているが、産業の発展によって、環境破壊が進んでいることも事実。石炭火力発電所の影響で、大気汚染も進んでいる。

そこに日本の技術を活かしての交流を図っていくことにしている。

実は、わたしは、つとに北九州市と似

たような都市構造の街、つまり、沿岸部でしかも港のある街との環境協力を中心に日・中・韓の都市会議を進めてきた。

二〇〇四年（平成十六年）に、日・中・韓の環黄海十都市で構成される「東アジア経済交流推進機構」もそうした考えから生まれた。日本の環黄海に面する北九州、福岡、下関、韓国沿岸部の仁川、蔚山、釜山、中国沿岸部の大連、青島、天津、煙台の十都市が参加している。この仕組みは呼びかけてから完成するまで十数年かかった。

「環黄海経済圏の形成」を目指す会議の協議項目は、モノづくり、環境、観光、物流の四つ。それと全てに関わる人材育成だ。このように協議項目は決定を見た。今後、具体的な果実を互いに共有する中で見出していくことになる。地方外交の見本になれるよう、継続発展を願っている。

中国の環境問題への指針はすでに出されている。二〇〇六年（平成十八年）から、二〇一〇年（平成二十二年）までの五カ年計画の中で、「循環経済」や「環境重視型社会」という言葉が使われている。それほど環境に力を入れる方針を明確にしている。

それを実施に移すとなれば、財源と人材育成が必要になる。特に人材育成が急がれるのは当然で、これは北九州市の経験と実績が役に立つ分野だ。

中国の環境対策をどうするかは、我々にとっても重要な問題だ。国と国との関係がどうあっても、地方としては協力する用意はあるというメッセージを常に発している。

黄河流域が乾燥し、黄砂も九州のみならず北海道にまで飛んでいく時代。その中で北九州市が中国に貢献できる一番の強みは何か？　それは実際に対策を体験する場など、勉強する場があることだ。実学的、現場的な部分では、日本の各自治体は多くの分野で中国より進んでいる。それぞれが得意な分野で貢献していくことが必要だろう。

第六章

次世代のための提言

連携、統合を模索せよ

五章にわたり、市長を務めた五期二十年を中心に振り返ってきた。ふるさと北九州市あるいは九州、日本のこれからに何らかのお役に立てればと願い、わたしの生い立ちから市政の失敗例まで晒して俎上に上げてきた。

しかし、退任して一年。自由かつ静かに日本や世界情勢を眺められる立場になると、官僚時代あるいは市長生活を通じて考えてきたことと若干違った見方も出てきた。

「鳥の目で見て、蟻の足で行う」。長期的かつ高所から街づくりを考え、蟻のように地道に実行することを信条にしてきたが、わたしの〝鳥の目〟の高さは実はスズメのそれではなかったか。

ヒマラヤ越えの渡り鳥の目、つまり世界的な視野に立って見ると、日本は今、少子高齢社会に突入し「アジア諸国の追い上げにどう対処すべきか」など多くの課題を抱えている。わたしは日本全体が一丸となって未来を切り開いていかないと、大変なことになると危惧している。

そこで、最後に、活力ある日本の再生、そして持続可能な社会の発展を目指して、都市間競争の是非や地方自治のあるべき姿などについて所感を述べたい。わたし自身の反省も踏まえ、考えていることを率直に伝えて、皆さんの参考材料に供したいと思う。

都市間競争は世界的視野で

第一は、地方自治体の「都市間競争」にも世界的視野が必要ということだ。それぞれが「競争」に勝ち抜けば、全てがうまくいく時代は終わり、テーマや分野によっては世界的視野から「連携」、あるいは「統合」に取り組むべき時代になったのではないか。

わたしも含め、これまでの地方自治体の首長はこぞって「都市間競争」に勝ち残らなければ生きていけないと主張してきた。インフラから教育・文化まで、あらゆる分野で一自治体で完結する施設整備を金科玉条としてきた。「隣町には勝てないから、単独での整備を断念して隣町と連携して効果を上げます」と首長が住民を説得したという話はついぞ聞いたことがない。そんなことをしたら選挙で負けるからだ。住民もそれを望まなかった。自治体の議員も多くは、都市間や近隣自治体との連携や統合に消極的であった。こちらも選挙で負けるからだ。

国も都市間の「競争」を奨励した。「競争」により各自治体を鼓舞すること、それがトータルで国内総生産（GDP）を増やすとの考えで、日本あるいは世界が右肩上がりの成長局面にあった時代は非常に有効な考え方であった。

しかし、人類の無秩序な生産活動に起因する地球環境問題や限られた資源の有効活用の面から今、世界では持続可能な社会を築くことが求められている。がむしゃらな開発や発展はもはや許されない。

厳しい国際競争の中で、空港や港湾整備の日本国内での「都市間競争」は結果的に競争相手国に〝漁夫の利〟を与える。ばらまき型の分散投資では、国家を挙げて集中投資してくる諸外国に太刀打ちできるはずはない。事実、港湾や空港では、アジアの国々にすでに競争力で大きく差を付けられている。

地方分権論議は「自治組織」の検討から

第二は、近年、地方分権と道州制の議論が喧《かまびす》しい。財政問題や行政組織論が先行し、県をどうするか、市町村をどうするかといった制度の仕組みの議論ばかりだ。もっと高い視点と広い視野から検討を進めて欲しい。人間のからだ全体を議論するときに骨格からの見方もあれば、細胞から筋肉を考える式の視点も欠かせない。この「細胞から筋肉を考える」式に、最小限の自治組織をどうするかなど地方自治の根本からの論議が必要ではないか。

群馬県知事を四期十六年務め、二〇〇七年七月に引退された小寺弘之氏が現職だった一九九九年三月に新聞に投稿された〝自治区〟の考え方を紹介する。

①小学校の校区ごとに自治区を設ける②自治区は3億円くらいの財源を持つ③住民の自治により、近隣社会の日常生活において、住民が判断する様々な事業を行う――というもので、住民が自ら優先順位をつけていろいろな事業に取り組める「小さな自治組織」のメリットを強調されていた。

わたしもかねてから地方自治の最小単位は住民が歩いて生活できる範囲である「小学校区」、言い方を換えれば「みんなで助け合える」程度のコミュニティーが最善だと考えてきた。〝自治区〟の財源を3億円にするかどうかは別にして〝小寺論文〟は地方分権論議のたたき台として、一考に値すると思う。また、その考え方は現在問題になっている財政力の弱い市町村あるいは高齢化率が高い「限界集落」への対応でも一つのヒントになる。

交通や通信・情報伝達手段が飛躍的に進歩した今だからこそ、しっかりと最小単位の自治組織を考える絶好のチャンスだ。その論議を積み上げていくことが真の地方分権、ひいては道州制の導入につながると信じている。

地域にも政策集団を

最後は、地域で「政策集団」を育成せよということだ。

行政のトップは二十年先、せめて十五年先のビジョンを描いて示すべきだが、激動する世界情勢の中、そのビジョンを構築することは容易ではない。リーダーの政策立案のため、住民の判断材料のためにも、もっと広い視野で長期的に考える優秀な地域の「政策集団」の育成を提案したい。

九州の場合で考えても、真に県域を超えてトータルに研究し、提言する集団は、残念ながら見当たらない。「九州は一つ」をテーマに、アジア諸国に対してどう対処していくべきか。各地域はどう連携、協調していくべきか。国とも対等に討論できるような「政策集団」の育成を期待したい。

九州だけで、人口ならベルギー、オランダ並み、GDPならスイス並みの力がある事実を考えても「政策集団」をつくる価値がある。

また、当事者間で決着が付かない「都市間競争」を調停し、解決に向けてアドバイスする第三者的「審判機関」設置も検討する時期にきていると思う。

深刻な公害を克服した経験が今、世界のお役に立っているように、少子化や高齢化社会に直面している日本の課題解決は世界のモデルケースでもあり、貴重な財産になりうる。後発の国や都市を指導するリーダーにもなれる。政党でも経済団体でも、あるいは市民団体が音頭をとってもいい。地域で「政策集団」の育成を急がねばならない。

終わりに

市長を退いた後、「よく二十年も市長を務められましたね」と言われたが、わたしには一期一期の積み重ねの結果であるとしか言いようがない。

わたし自身、「三期十二年が節目」と思い、それを公言してきたこともあった。市長職を続けているときも、一つの大きい波を越えた時、例えば大規模なプロジェクトを着工したときや完成を見たとき、いわゆる〝節目〟のときは何度かあり、それが一つの退き時と思えることもあった。しかし、現実は一つの大きな波を越えてみれば、その向こうにそれまで隠れていたさらに大きな波が現れ、目の前に押し寄せてくる。

そして、またその新たな波に立ち向かわねばならない。その繰り返しで、振り返ればアッと言う間の二十年であった。

北九州市の教育委員をお願いしている往年の名マラソンランナーの君原健二選手が「レースの途中で苦しくなったとき、あの電信柱まで、あの曲がり角までと次の

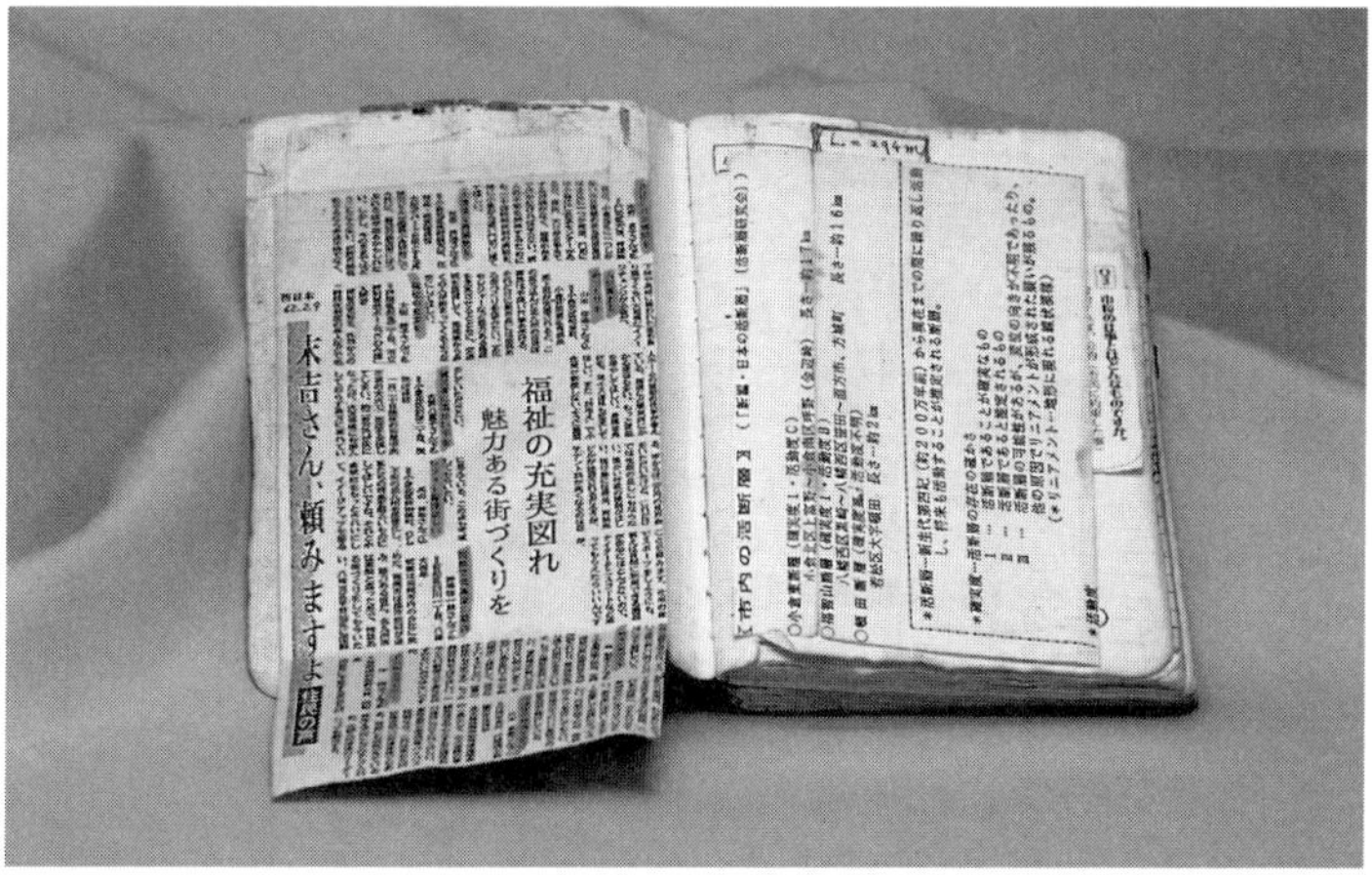

20年間持ち歩いた初当選翌日の新聞コピー。「末吉さん頼みますよ」の市民の声はわたしの市政の出発点

目的地を定めて走り続けた」という経験を話してくれたことがあったが、わたしの場合も全く同じだった。

　この二十年間、わたしもひたすら前を見つめ気を抜かないように、自分自身を励ましながら執務してきた。

　そのカンフル剤の一つがわたしの手帳に貼り付けた初当選の翌日の昭和六十二年二月九日付けの朝刊の切り抜きである。「末吉さん頼みますよ」という見出しで市民十人の期待が掲載されている。わたしの背広のポケットに入る手帳は二十年間に十七冊に及んだが、切り抜きは手帳が新しくなってもいつも表紙の裏に貼り付け、二十年間片時も離れず、わたしに付き合ってくれた。今ではすっかり変色してしまったが、とにかく初心に帰ることを忘れないために、二十年間携帯したことは事実である。

ちなみに、その手帳は備忘録であり、あらゆる内容が書き込まれて、市長が「テイクノートしてくれた」と喜ぶ人もいたが、部下である市職員から見れば「恐怖の手帳」であったらしい。会議中などでわたしが手帳を広げると「市長から以前指示されたのに忘れているものがあるかも知れない」「また、何か新しい指示があるかも知れない」などドキッとしたと後で何人からも聞かされた。

二つ目が、合唱組曲「北九州」のふるさと賛歌の歌詞である。「ふるさとよ永久に奢らず病むことなかれ」「我が街よ永久に新たに明日に拓かれ」という作詞家栗原一登さんの郷土の発展を願った「ふるさと賛歌」の一節である。気が滅入りそうなとき、落ち込みそうなときこの歌詞を口ずさみ我が身を励ました。

振り返れば、わたしのこれまでの人生は決して自分の希望通りに進んできたとは言い難い。理系を目指しながら結局は文系に進み、就職では民間を希望しながら役人になった。そして晴天の霹靂だった市長への転身となる。

しかし、これまでの経験を積んで得たもの、友人であったり対峙した人であったりまた反面教師であったりもするが、多くの人々から学んだもの、それに加えて自らが掴んだ知識など全てが北九州市長としての糧となり肥料となった。その蓄積で北九州市という舞台でわたしが思う存分働けたこと、活躍する機会を得たこと、二十年間にわたり働く場所を与えられたことは人生として幸運であり幸福であった。北九州市の健康状態は「満身創痍」の状況から「基礎体力」は回復した。若い人たちは自信をもって飛躍に向けて一層頑張って欲しい。

わたしの任務は終わった。マラソンは走り終えた。ゴールに倒れこんだ。身体の疲労はあっても達成感と安堵感が拡がった。孤独なマラソン走者にとって沿道からの応援ほど力づけられるものはないと聞く。

市長職も全く同じで、支援、応援してくださる人々にどれほど勇気づけられたことか、感謝の気持ちを表現できる言葉を見つけることができない。唯、感謝とお礼の気持ちで一杯である。

三つ目は、母、妻、子どもたち家族一同の支えである。夫が政治家になるとは夢にも思わなかった妻の、老いた母を支えての労苦は筆舌に尽くしがたい。子どもたちも政敵がいる親の立場を察して、親の負担を軽くしようとそれぞれ早目に独立していった。

そして母である。わたしは身体が極端に弱かった。「このお子さんは二十歳までもちますかね……」という医師の言葉を盗み聞きしたこともあるほど病弱であった。そのうえに人がびっくりするようなことを言ったりしでかしたりする。一つのことに熱中すると他のことが目にも耳にも頭にも入らず、いつも一人で遊んでいるなど親から見れば気になる子どもであったことはわたし自身認めるところである。

市長に就任してからは息子であるわたしの息災延命と仕事の無事を願って六千枚以上の般若心経を写経し続けてくれた母。悪いニュースを聞いては「済んだことはクヨクヨするな」と叱咤激励してくれた母。亡くなる直前まで毎朝息子を玄関先で送り出し、夜、わたしの帰宅を確かめるまで健康に気遣ってくれた母。母の生涯は、わたしの生きざまの手本であったことに気がついた。

「無事、役目は終わったよ。卒業させてもらうよ」「七十年前に夜逃げ同然に小倉の街を出て行った我が家だったけど、故郷への借りは返したよ」「人から後ろ指を指されないようにという教えは守って生活したよ」と退任する日の朝、四年前に百二歳で逝った母の仏前に報告した。

「興一！ご苦労だったね。よう頑張った」と母の甲高い声が聞こえた。これで良い。わたしの人生はこれで良かった。母に褒められ思い残すことはない。

あとがき

平成十九年（二〇〇七年）二月、五期二十年にわたる任期を終了し、ようやく一人の市民となり公務から解放された。

そんな折、市長在任中からインタビューをしていただいていた総合ビジネス誌『財界』の村田博文主幹から、北九州市長として都市再生に邁進した二十年について書物としてまとめたいというお話をいただいた。

生まれつき物事を振り返ることはあまり好きでなく、過去よりも現在や将来を見ていたいという性分であるが、「巻頭言」をいただいた前自民党幹事長の麻生太郎氏にも強く背中を押されたこともあり、ここで何らかの形でわたしの北九州市長としての二十年を振り返り、文字として残すことが、わたしを支えて下さった方々へのささやかな恩返しになるならばと思い、このお話をお引き受けすることとした。

一方で、本文にも書いたように、「前へ前へ」というわたしの母の血を引いたのか、いざ筆を手に原稿用紙に向かうと、ただ市長時代を振り返るという単なる回顧録のようなものではなく、地方自治体の反省すべき点や、将来像についても記述しなくてはならないという義務感にも似た思いが頭をもたげ、記述したのが本書である。特に地方自治体の反省や将来像については、現役の市長時代、はっきりと感じていたこともあれば、市長を退任して改めて気付いたこともある。いずれにせよ二十年間、市長という職務に就いていたことからの記述である。

本書を刊行するにあたりお世話になった『財界』の村田博文主幹と、大浦秀和記者に深く感謝申し上げる。

平成二十年五月

末吉興一

末吉 興一（すえよし・こうじち）

1934年9月生まれ。58年東京大学法学部卒業後、建設省（現国土交通省）入省。78年自治省大臣官房地域政策課長、84年建設省河川局次長、85年国土庁土地局長を経て87年2月北九州市長、2007年2月退任、同6月外務省参与

自治体経営を強くする「鳥の目」と「蟻の足」

2008年5月28日　第1版第1刷発行

著者　末吉興一

発行者　村田博文
発行所　株式会社財界研究所
［住所］〒100-0014東京都千代田区永田町2-14-3赤坂東急ビル11階
［電話］03-3581-6771
［ファクス］03-3581-6777
【関西支社】
［住所］〒530-0047大阪府大阪市北区西天満4-4-12近藤ビル
［電話］06-6364-5930
［ファクス］06-6364-2357
［郵便振替］0018-3-171789
［URL］http://www.zaikai.jp/

装幀・本文デザイン　有限会社フォリオ
印刷・製本　凸版印刷株式会社

ISBN 978-4-87932-057-5
定価表示はカバーに印刷してあります。